堂々たる日本人

—知られざる岩倉使節団—

泉　三郎

推薦の辞

石原慎太郎

泉《いずみ》氏のかねてからの岩倉使節団の軌跡への傾倒はここに至って、衰弱した日本の蘇生のために致命的な意味を持つにいたった。

氏の労作によって私たちは今改めて、かつての日本人がものを眺めるのにいかに冷静沈着に、あくまで相対感覚を失わずに外側からの未知のメッセイジに対処したかをうかがえるからだ。それこそが『和魂洋才』の所以《ゆえん》である。

そしてそれは即ち、現今の浮薄で、外国からのメッセイジに安易に迎合し自らを失って省《かえり》みない日本人たちへの警告と強い反省の何よりのよすがたり得る。

岩倉使節団の外国での去就《きよしゆう》をつぶさに眺めると、彼らが祖国の命運を背にしながらいかに毅然《きぜん》とことに処したかがうかがえる。

我々はこの今こそ、私たちのごく近い祖先の者たちが示した、彼らを初めて目にした者たちもが心打たれた、国を背にして胸を張り祖国への熱情の故《ゆえ》に真摯《しんし》で敬虔《けいけん》で豪胆な日本人の姿勢を取り戻さなくてはなるまい。

今日の日本の、自己主張の欠落した国家としての主体性を欠いた姿をかつての先人たちはどんな目で見守っていることだろうか。私たちが私たち自身を取り戻すために、これほど格好な啓示としての著作はない。

まえがき

明治の初期に日本の重要人物の一行が、古今東西の歴史にも例を見ないような壮大な旅をやってのけたことをご存じでしょうか。

そうです。「岩倉使節団の欧米視察旅行」のことです。

岩倉具視《いわくらともみ》を大使とするこの使節団のことは、社会科の教科書にも記載されていますし、日本史の本にも必ずといっていいほど載《の》っていますから、その存在自体については、たいていの人がご存じのことと思います。最近ではテレビの歴史番組でも扱われることがありますから、「ああ、あの使節団か」という感じかもしれません。

しかし、その内容について知られていることといえば、通りいっぺんのことか、断片的な知識にすぎないのではないでしょうか。

この使節の特筆すべきことは、まず第一に、岩倉をはじめ木戸孝允《きどたかよし》、大久保利通《おおくぼとしみち》、伊藤《いとう》博文《ひろぶみ》といった当時の政府の最も有力な人物が揃《そろ》って加わっていたことです。

司馬遼太郎《しばりょうたろう》さんは『明治という国家』（ＮＨＫブックス）の中で、こう述べています。

「廃藩置県が終わって早々の明治四年秋、岩倉具視を団長とする五十人ほどの革命政権の顕官が、大挙欧米見学に発《た》ちます。『国家見学』というべきものでした。世界史のどこに、新国家ができて早々、革命の英雄豪傑たちが地球のあちこちを見てまわって、どのような国をつくるべきかをうろついてみてまわった国があったでしょうか」

そして平均年齢三十二歳というこの若々しい使節団の旅はなんと一年九ヵ月余、六三二日という途方もなく長いものとなり、まだ混沌《こんとん》としていた明治初期の日本が、いかにして近代化を進め「明治という国家」をつくっていくかという歴史的課題に、きわめて大きな影響を与えたのです。

それはまさに、日本近代化の原点にあたる旅でした。

私はもう二〇年も前、この旅の記録である『米欧回覧実記』に巡《めぐ》り合い、たちまちその虜《とりこ》になってしまいました。そしてなぜ、国家の大手術ともいうべき「廃藩置県」の直後に出かけていったのか、留守は大丈夫だったのか、どんなコースをどのように旅したのか、なぜそのような長い旅になったのかなどなど、次々と疑問が湧いてきました。私は関係書物を渉猟《しょうりょう》し、その謎解きにかかりました。そのうち自らの足で使節の旅路を辿《たど》ってみたくなり、以来断続的にですが、そのルートを追跡して旅を続け、ほぼ全行程をフォロウし終えたのです。

そしていく冊かの本を書き、それらの資料を基に「岩倉使節団の世界一周旅行」という三〇〇分におよぶスライド映像も制作しました。

私としてはこの「知られざる壮大な旅」のことを、一人でも多くの人に知ってもらいたかったからです。

そして国内はむろん海外でも講座や講演を行ない、いろいろの貴重な感想や意見を伺《うかが》いました。そして多くの人たちが、この旅の中に「堂々たる日本人」の姿を見、「この国のかたちと針路を決めた男たち」の実像を見ていることを発見したのです。その志の高さ、凛乎《りんこ》たる倫理観、深い教養と礼節、そして歴史的な大変化の時代に敢然として対処したその類《たぐい》まれなる勇気、それらに人々は感動を禁じえなかったのだと思います。

本書の狙いは、そうした講座や講演の生の気分を再現しながら、岩倉使節団の旅の概要を皆様に伝えることにあります。このマンモスのような旅を描くにはまことにささやかな試みですが、これによってわれわれ日本人がひとしく誇るべきこの壮大な旅と使命感に溢《あふ》れたサムライ・マインド（武士道精神）と、颯爽《さっそう》とした日本人の姿を少しでも知っていただければ幸いです。

一九九六年　爽秋

泉《いずみ》　三《さぶ》郎《ろう》

目次

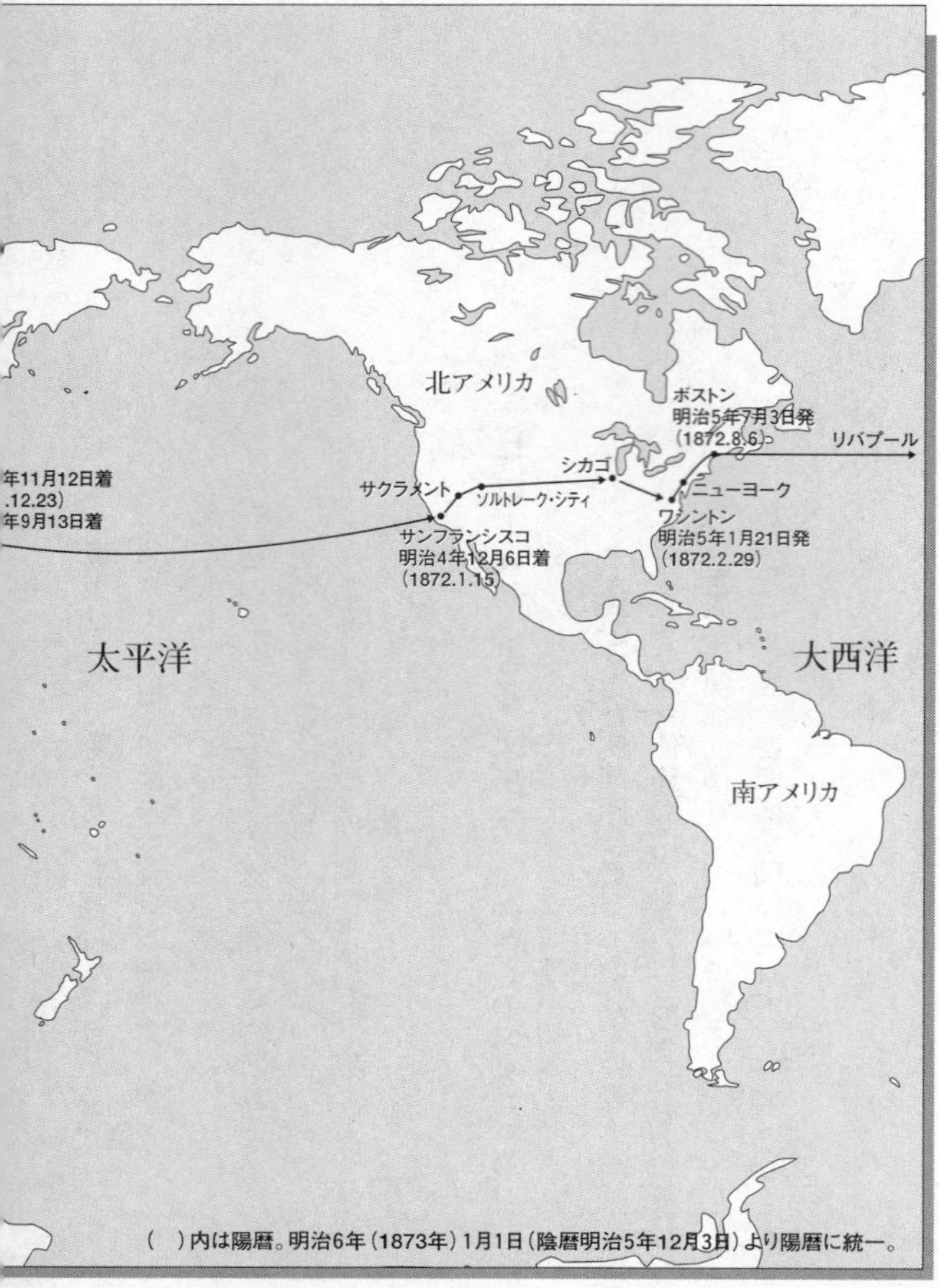
年11月12日着
.12.23）
年9月13日着
北アメリカ
ボストン
明治5年7月3日発
（1872.8.6）
リバプール
シカゴ
サクラメント
ソルトレーク・シティ
ニューヨーク
ワシントン
明治5年1月21日発
（1872.2.29）
サンフランシスコ
明治4年12月6日着
（1872.1.15）
太平洋
大西洋
南アメリカ
（　）内は陽暦。明治6年（1873年）1月1日（陰暦明治5年12月3日）より陽暦に統一。

岩倉使節団 632日間世界一周の旅
リバプール
明治5年7月13日着
（1872.8.16）
ヨーロッパ
マルセーユ
明治6年7月20日発
（1873）
ナポリ
ポートサイド
ヨーロッパ拡大図は次ページです。
アジア
アデン
明治6年8月1日着
アフリカ
ガル
8月9日着
シンガポール
8月18日着
サイゴン
8月22日着
香港
8月27日着
上海
9月4日発
長崎
明治6年9月
大西洋
インド洋
オーストラリ

岩倉使節団 632日間世界一周の旅
[ヨーロッパ拡大図]
ストックホルム
明治6年4月24日着
エジンバラ
サンクト・ペテルブルグ
明治6年3月30日着
コペンハーゲン
リバプール
明治5年7月13日着
(1872.8.16)
マンチェスター
アムステルダム
ベルリン
明治6年3月9日着
ハーグ
ロンドン
ブリュッセル
パリ
明治5年11月16日着
(1872.12.16)
ミュンヘン
ウィーン
明治6年6月3日着
ジュネーブ
ヴェネチア
明治6年5月27日着
リヨン
明治6年7月15日着
マルセーユ
明治6年7月20日発
フィレンツェ
ローマ
明治6年5月11日着
ナポリ
ポートサイド

岩倉使節団の旅行の全貌は、佐賀藩出身の大使随行員・久米邦武《くめくにたけ》による「実況」報告書『特命全権大使 米欧回覧実記』（太政官記録掛刊行）によってたどることができます。原文は旧字旧カナ、カタカナ表記となっていますが、本書では、これを引用するにあたり、岩波文庫版（全五冊）をもとにして、適宜、新字新カナ、ひらがな表記に改めて掲載しています。なお使節団の旅行中に暦《こよみ》が陰暦から陽暦に改められているため、日付については明治五年（一八七二年）十二月二日までは陰暦、明治六年一月一日以降は陽暦です。

（編集部）

プロローグ　なぜ、いま岩倉使節団なのか

なぜ、岩倉使節団がこれまであまり評価されなかったのか

日本二千年の歴史の中で「遣唐使」にも比すべきこの壮大な「遣米欧使節」の旅がなぜ、これまであまり評価されてこなかったのか、まことに不思議という他はありません。

それにはいろいろな理由が考えられますが、最も大きな理由は、あまりに大きなものは近くから見たのではその一部分しか目に入らず、全体がよく見渡せないからではないでしょうか。おそらくエヴェレストやアコンカガワのような高山は、かなり遠くからでないとその真の姿が見えないように、このような歴史的な大事象も、一〇〇年単位の時を経て初めてその全体像が見えてくるものにちがいありません。

しかし、それにしてもなぜ、という疑問は残ります。

そこでまず第一に考えられることは、岩倉、大久保嫌いの人がたいへん多いということです。この維新の大舞台を回転させてきた人物には一種の凄味《すごみ》があり、鉄の意志を持った政治家として冷徹な印象が強く、やわな人間の好みには合わないのです。そのうえ伊藤にしても、秀吉に比べられる人物だけに功罪の振幅も大きく、好き嫌いも激しいといわねばなりません。しかもいずれも専制政治の元祖のように思われており、一般的には揃《そろ》って不人気な政治家たちなのです。

それに日本人は西郷さん贔屓《びいき》です。その西郷を鹿児島で殺したのは誰か、さらに民権の元祖ともいうべき江藤新平《えとうしんぺい》を佐賀の乱で処刑したのは誰か、「自由は死せず」の板垣退助《いたがきたいすけ》や共和的な大隈重信《おおくましげのぶ》を蹴とばして自由民権を抑圧し、天皇国家をつくりあげた張本人は誰かといえば、岩倉、大久保、伊藤の姿がおのずと浮かんできて、この三人が中心メンバーの使節団など、とても評価するわけにいかないと毛嫌いされてしまったのではないかと考えられるのです。

第二には、「条約は結びそこない、金とられ、世間にたいし　なんといわくら」という、当時ロンドンでつくられた皮肉たっぷりの狂歌があって、岩倉使節団は条約改正で失敗し、その上詐欺まがいにあって団員の虎の子を失う事件もあり「金喰い虫の漫遊旅行」だったという評価が流布《るふ》してしまったことです。これは旅のほんの一面しか見ていないのですが、狂歌のできがよろしく、いかにも面白いので、このイメージが大手を振って独り歩きし、この旅を著《いちじる》しく矮小《わいしょう》化してしまったからではないでしょうか。

第三には、一行が旅している間に、留守政府が獅子奮迅《ししふんじん》の活躍をして、次々と大改革を断行しているからです。留守政府はこんなに仕事をしているのに、旅行組は外で何をしていたのか。岩倉使節団の旅の土産《みやげ》とはいったい何だったのか。極端にいえば、旅行組はいていなくてもよかったのではないか、むしろいないほうが仕事が捗《はかど》ったのではないかという批判です。

これらはいずれも、今にしてみればまことに近視眼的な見方というべきですが、当時の反薩長や民権派や、留守を預かった大忙しの連中からすれば、そう思うのも無理からぬところがあります。

こうして西郷さん贔屓《びいき》や反薩長的心情、あるいは戦後のいわゆる「東京裁判史観」や「コミンテルン史観」に災いされて、日本人がひとしく誇ってしかるべきこの壮大な旅は、これまで不当に低くしか評価されてこなかったというべきなのです。

それから一二〇年、なぜいま岩倉使節団なのか

政治学者の高坂正堯《こうさかまさたか》さん（前京都大学教授）は、この使節団の旅を「巨大な長期合宿だった」と評して、雑誌『歴史街道』でこう述べています。

「この常識外の大長期間旅行がよかったのである。それは当時の世界を広く、かつ深く知ることになった」

そのうえこの使節団には保守の大久保、開明の木戸をはじめ、保守頑固党の頭領といわれた佐々木高行《ささきたかゆき》から、飛び切りの急進開化派の連中まで、呉越同舟《ごえつどうしゅう》的に混在していました。そのごちゃまぜ集団が、まるで書生のように寝食をともにし、日々見聞したものを材料に喧嘩《けんか》腰の議論を交わしながら一二ヵ国も回覧するのですから、おのずから、偏《かたよ》ることなく複眼でトータルに「文明なるもの」を見る効果を伴《ともな》ったのです。

そこで高坂さんの表現を借りると「大久保、岩倉、伊藤のその後をみれば判《わか》るように、この旅行が以後三十数年間の日本の指導者を鍛えあげたとさえいえるのである」ということになるのです。

実際、使節の帰国後を見れば、明治六年の政変、十年の西南戦争、十四年の政変などを通じて、大久保、伊藤の路線が確立し、「日本の近代」が構築されていく姿が浮かび上がってきます。つまり司馬遼太郎さんのいう「国家見学」の土産としての青写真が、よきにつけ悪《あ》しきにつけ「明治という国家」をつくる土台になったということでありましょう。とすれば、岩倉使節団の文明見学を無視して、「日本の近代」は語れないことになるのです。

さて、それでは、「なぜ、いま岩倉使節団なのか」、その今日的な意味について、具体的に考えてみましょう。

一つには、現代日本の閉塞《へいそく》状況を打開するヒントが、ここに見出せるのではないかという期待があります。戦後の日本は「富国《ふこく》」、つまり経済成長一辺倒の路線で進んできました。それはある意味でアメリカ的な豊かさを求めての国民的な運動であり、最近までそれについて、あまり疑いをさしはさまずにきたのです。

ところがその目的を達してしまうと、日本はこれでいいのかという思いが強くなってきました。にもかかわらず、そのまま突っ走ってオーバーランしてしまったのがバブルの現象ともいえます。そして今、その破裂とともに日本社会にこれまで潜在していたオデキのような諸問題が一斉に噴《ふ》き出してきたのです。特にここ数年、その状況は深刻です。人々は方向性を失い、自信を喪失し、いわばカオスの中に茫然《ぼうぜん》とたたずんでいるかのごとくです。

この混迷から脱出するにはどうしたらいいか。ここで原点に戻ってみることの必要性が出てきました。そして明治まで辿《たど》っていくと、日本の近代化の源流に岩倉使節団があることを発見するのです。

二つには、このところ日本人の意気地のなさが、いやでも痛感されることです。当選だ

〈『米欧回覧実記』〉

著者　久米《くめ》邦武《くにたけ》

全一〇〇巻、五編五冊の刊本（明治十一年刊）

（ともに久米美術館提供）

けが目当ての無定見な政治家、自己保身だけが関心事の無責任な官僚、数字だけを追いかけて一喜一憂している品のない経営者、節操のない軽薄才子のマスコミ、迷惑かけまくりの礼儀知らずの若者たち、柔弱でなよなよした男たち、ノーテンキで破廉恥《はれんち》な女たち、現地で軽蔑され嫌われる海外旅行者、いったい日本人はどうなってしまったのか。

国豊かにして民卑《たみいや》しく、衣食足りて品性いよいよ劣等のこの現状をどう見るか。心ある人々は、その思いに衝《つ》き動かされて憤懣《ふんまん》やるかたなき状態なのです。

そこで、幕末から維新期の日本人を見るとき、そこに現代人の忘れてしまった大切なサムシングを感じ取るのです。とりわけこの大胆不敵な壮大な旅をやり遂げた岩倉使節団の男たちを見るとき、「そうだ、ここにこそ本当の日本人がいた、堂々たる日本人がいた」と思い当たるのです。

三つには、いまわれわれが時代の大きな変わり目に遭遇していることです。フランシス・フクヤマは「歴史の終わり」と言いましたが、それはまた同時に「歴史の始まり」なのです。より具体的にいえば、戦後五〇年の終わりであり、明治以降一二〇年の終わりです。それはまた経済成長一辺倒でアメリカの後を追いかけてきたこの五〇年への反省であり、西洋文明を手本に近代化なるものを一二〇年推《お》し進めてきたことへの反省でもあります。

そして今日は、同時に新しい時代の幕開けでもあります。かつて蒸気機関に代表される技術革新が世界を一変させたように、いまコンピューター（人工頭脳）が時代を革命的に変えつつあります。私たちはその激変のただ中に遭遇しているのです。

この数百年単位の大変化の時代にどう適応していくのか、それはかつて封建的農業社会から近代的工業社会に突入していかなければならなかった明治維新期と共通するものがあり、異質文明と遭遇して格闘した岩倉使節団の旅は、必ずや何らかのヒントを与えてくれるものと期待されるからだと思います。

こうして、現代日本の抱《かか》えている諸問題を考えるうえでも、これからの日本人のあるべき姿を問う意味でも、「近代日本」の源流にあるというべきこの歴史的事象を概観することが、どうしても必要になってきたということでありましょう。

さて、まえがきにも記しましたが、私は、この旅の記録である『米欧回覧実記』に巡《めぐ》り合い、すっかりそれに魅せられてしまいました。この太政官発行の公式記録は、佐賀出身の漢学者・久米邦武《くめくにたけ》によって書かれたもので、日記の体裁《ていさい》をとりながら各国、各都市の地理・歴史から始まって、政治・経済、産業・貿易・教育・宗教など、文明のあらゆる側面といっていいくらい広範囲にその見聞を記したエンサイクロペディア的な大記録なのです。

漢字と片仮名からなる文章は読みづらいのですが、慣れてくると、リズムのある格調高い文体が快くなって、すっかり魅せられてしまったのです。

本書でもこの『実記』の記述をときおり引用しながら、彼らが何を見、何を感じたのか、この生《なま》の感動をたどってみたいと思います。

第一章　史上空前の大使節団

——誰が何のために、この壮挙を企《くわだ》てたのか

なぜ、「廃藩置県」の直後に出かけたのか?

使節団一行は、明治四年(一八七一年)十一月十二日(陽暦で十二月二十三日)、横浜を出港し、アメリカ、イギリス、フランス、ドイツをはじめとする欧米一四ヵ国の視察に出かけます。

明治四年といえば、その七月に新政府の最大の懸案であった「廃藩置県」を断行した年です。二七〇年も続いた徳川幕府の旧体制を決定的に突き崩したこの改革は、全国二六〇におよぶ大名の地位を奪い、四〇万人ともいわれたサムライの身分を剥奪《はくだつ》するという革命的な大手術でした。維新の諸改革の中でも最重要課題であり、同時に実行が困難であると見なされていた大改革です。

むろん大名には年金が与えられ、武士階級にも当面、家禄は支給され再雇用の機会もありました。しかし、既得権を奪われたこれら厖大《ぼうだい》な層から不満の噴出しないはずがありません。各地で反乱が起こり、血を見る事態になるやもしれぬと危惧されて当然でした。

しかしこの改革は、新政府のあまりの大胆さ、思い切りのよさに眩惑《げんわく》されてか、ほとんど目立った反抗もなく成し遂げられてしまったのです。

明治維新はこの「廃藩置県」の断行で初めて実現したといっても過言ではありません。

実質維新ともいうべきこの大改革が一段落するや、維新政府のリーダーたちはその余勢をかって、次の大きな懸案事項にチャレンジしました。それは、欧米列強を回覧して新しい国づくりのための青写真を描こうという企てです。ペリーの黒船騒ぎ以来、世界の新情勢に対応していくため古い幕藩体制を破壊したまではよかったのですが、その代わりになる新しい建築の設計図がまだなかったのです。つまり新政府は、待ったなしで国家の青写真を描く必要に迫られていたのです。

こうして国運を賭けての大使節団が、廃藩置県の成功を千歳一遇《せんざいいちぐう》のチャンスとして敢行されることになったのです。

なぜ、トップリーダーが揃《そろ》って出かけたのか？

新生国家のデザインを描くための旅ですから、当然トップリーダーが行かねばなりません。若手の元気のいい開明派を統御していくためにも、維新第一世代が西洋文明をその目で見ておく必要があったものと思われます。

いろいろな曲折の末、特命全権大使に右大臣の岩倉具視（四十七歳）、副使には参議の木戸孝允（三十九歳）、大蔵卿の大久保利通（四十二歳）が決まります。そして若手の工部《こうぶ》大輔《たいふ》の伊藤博文（三十一歳）と外務省の次官補格の山口尚芳《やまぐちなおよし》（三十三歳）が同じく副使で随行することになります。そのほかに実務を担当する書記官が二〇名ほど、ここには外交経験もあり英仏語をあやつる旧幕臣が多く起用されました。

さらに各省から専門の調査理事官も加わり、理事官にもそれぞれ随員がつきます。当初よりなかなか組織立った調査使節団だったのです。結局、大使本体二二名、各省派遣組二六名、計四八名という構成になりました。

もっとも初めのうちは、もっと小規模な使節団が考えられていたようです。条約改正の下交渉だけならそれでもよかったわけで、当初は大使に大隈重信《おおくましげのぶ》が考えられていました。しかし使節の目的がより大きく、より重要なものになり、そのプロセスで構成も大幅に変えられることになります。

大使の岩倉は四十七歳、西郷、木戸、大久保らと維新回天のまわり舞台を演出してきた公家《くげ》ナンバーワンの実力者です。新生天皇国家のデモンストレーション・ツアーの代表として、右大臣の官位からしても、それまでの外務卿という立場からしても、まさに適任というべきでした。

岩倉は公家に似合わぬ胆力と識見の持ち主であり、明治期のジャーナリスト池辺三山《いけべさんざん》の

〈特命全権大使・岩倉具視《いわくらともみ》〉

写真提供／毎日新聞社

評によれば「知恵あり、才気あり、弁才あり、またすこぶる立派な文才がある」といいます。政治家に必要とされるような素質はほとんど持ち合わせている一級の人物ということになります。

次に大久保ですが、いうまでもなく、西郷と並んで薩摩を代表するトップリーダーであり、幾多の危機を粘り強く闘いぬき、維新革命をやり遂げてきた中心人物です。

司馬遼太郎氏の評によれば「才能、気力、器量、そして無私と奉仕の精神において、同時代の政治家から抜きんでた」存在であり、「沈着、剛毅、寡黙」で「自己と国家を同一化し、四六時中国家建設のことを考え、他に雑念がなかった」ということになります。

大久保は当時大蔵卿で、実質首相のような地位にありました。問題山積の新政府にあって、当面どうしたらいいか、五里霧中でいちばん困っていたのが大久保だったのではないかと思います。ですから大久保は無理を承知で、是が非でも自らの目で欧米を見てきたいと考えたにちがいありません。

それから木戸ですが、桂小五郎《かつらこごろう》時代から命を懸《か》けて革命運動に挺身《ていしん》してきた人物であり、おそらく同世代の志士の中でも最も聡明で先の見えた人でした。当時長州人脈の総帥《そうすい》の地位にあり、かねてより海外を見ておかなくてはという気持ちが強かったのです。

かつて、長州の思想的リーダーだった吉田松陰《よしだしょういん》はこう言いました。

「鎖国の説は一時の無事であるが、宴安姑息《えんあんこそく》の徒が喜ぶところのものであって、始終遠大の大計ではない。一国に居ついたままなのと天下に跋渉《ばっしょう》するのとでは、人の知恵労逸《ろういつ》（骨折りと安楽）はせまい日本の中でもかけ離れている。まして世界においてをや。堂々大艦をつくり、公卿《くぎょう》から列侯以下に到るまで、万国を航海し、知見を開き、富国強兵の大策を立てるべしだ」

木戸はやっとチャンスが到来したと思ったでありましょう、決然と副使の一人になったものと思われます。

こうして岩倉、木戸、大久保といえば、いずれ劣らぬ明治維新の中心人物であり、明治政府の大黒柱であります。革命直後、革命政権のトップリーダーが三人も揃って一〇カ月半（出発時の予定）もの世界一周の文明見学に出かけてしまうというのですから、まさに壮挙であり、同時にまた暴挙でさえありました。

しかしそれでもあえて出かけていくところが、その時代の沸き立つような気分というものであありましょうか。

留守政府は、どのような陣容だったのか？

さて、そんなに重要人物が揃いも揃って出かけてしまって、留守は大丈夫なのかという疑問が起こります。維新の三傑（大久保、木戸、西郷）とうたわれた中で国内に残ったのは西郷隆盛（参議）ただ一人です。ほかに残留政府の主要人物は、公家で太政大臣の三条《さんじょう》実美《さねとみ》（三十五歳）、参議では大隈重信（三十四歳）と板垣退助（三十五歳）の二人です。

西郷が使節団に加わるという話は、まったくなかったのでしょうか。残念ながらそのあたりの事情はよくわかりません。が、一説によると一時は西郷も行くことになり、本人もその気になっていたところ、明治天皇から「おまえが行っては困る」と言われてとりやめになったという話もあります。しかし、どこまで本当かわかりません。現実問題として大久保と西郷がともに国を留守にするわけにはいかず、どちらかが残るとすれば、やはり西郷だったと思われます。

結局、留守政府では西郷が重しとしてどっかと座ることになります。なんといっても西郷には人望があり、軍を押さえていましたから、存在感は絶大でした。そして、留守政府の実務は、大隈重信と井上《いのうえ》馨《かおる》が車の両輪として取り仕切ることになります。

他に実務では江藤新平、大木《おおき》喬任《たかとう》、渋沢栄一《しぶさわえいいち》、陸奥宗光《むつむねみつ》、黒田清隆《くろだきよたか》、軍では山県有朋《やまがたありとも》、西郷従道《さいごうつぐみち》などが留守政府を支えることになります。

といっても出かける側としても心配だったのでしょう。当初の旅行予定は一〇カ月半でしたが、そんなに留守にしていたら何が起こるかわかりません。反政府運動が燃えさかるかもしれず、反薩長勢力が勢いを盛り返すかもしれない。当然クーデターの危険も考えられたでしょう。

そこで渡航組と残留組との間で、十二カ条の約束という異常な取り決めがなされることになります。つまり渡航組の留守の間に、留守政府が勝手なことをしないよう歯止めの意味があったのです。もっとも権力闘争渦巻《うず》く世界のことで、いろいろの思惑《おもわく》が交錯していたと思われます。行くほうは行くほうで心配であり、留守のほうもまた心配です。ですから、一種の休戦条約のようなものだったのかもしれません。

当時は廃藩置県を断行した直後で、当然やらなければならない問題が山積しています。留守政府はそれをとにかく処理する。だけど、それ以上の大きな改革は勝手に進めない。渡航組とちゃんと相談してからやる。大きな人事も動かさない。そういうことを互いに約束するわけです。そしてこの約定書《やくじょうしょ》に、当時の中央政府の実力者たち一八名が署名しているのですから、それだけ決意のほどが窺《うかが》えるというものです。

そもそも、誰が何のために企画したのか？

話は前後しますが、使節団派遣構想の最初のきっかけを作ったのが誰かというと、それは大隈重信のようです。旧幕時代、大隈の出身である佐賀藩は、幕府から長崎の管理を委託されており、西洋への唯一の窓だった長崎との接触の機会を身近に持っていたわけです。

その長崎にフルベッキ（一八三〇―九八年）というオランダ系のアメリカ人がいました。一八五九年（安政六年）、宣教師として来日したのですが、当時は禁教下とあって、英語や実学を教えていました。

ところが、もともとフルベッキという人は、ユトレヒトの工業学校出身で実務の経験もあり、工学技術の実務的知識をたいへん豊富に持ち合わせていたために、佐賀藩の肝煎《きもい》りで致遠館なる教場がつくられ、そこでいろいろなことを教えることになります。その教え子の中に、大隈重信や副島種臣《そえじまたねおみ》などがいたわけです。

その際フルベッキは、あまり生徒たちが次々と質問を浴びせるのになかば音《ね》を上げて、「私の知っていることには限りがある。百聞は一見に如《し》かずです。西洋の文明を学ぶには俊秀を選んで海外に派遣し、直接見るに如《し》くはありません」と言ったといいます。

〈年表①〉 岩倉使節団派遣までの日本の歩み

1853(嘉永6年)	ペリー、黒船で浦賀来航。
1854(嘉永7年)	日米和親条約締結。日本の開国。
1859(安政6年)	安政の大獄。尊皇攘夷運動を幕府が弾圧。
1860(安政7年)	桜田門外の変。井《い》伊《い》直弼《なおすけ》暗殺。
1862(文久2年)	生麦《なまむぎ》事件起こる。翌年、薩英《さつえい》戦争へ。
1864(元治元年)	四国（英仏米蘭）艦隊、下関を砲撃（下関戦争）。
1866(慶応2年)	薩長同盟が成立。
1867(慶応3年)	10月、大政奉還《たいせいほうかん》。
	12月、王政復古《おうせいふっこ》の大号令発し、摂政《せっしょう》・関白《かんぱく》・将軍を廃止。
1868(慶応4年)	1月、鳥羽《とば》・伏見《ふしみ》の戦い（戊辰《ぼしん》戦争開始）。
	3月、五カ条の御誓文《ごせいもん》を発表。
	4月、政府の政治組織を定めた政体書を頒布《はんぷ》。
	7月、江戸を東京と改める。
(明治元年)	9月、年号を明治と改元し、一世一元制とする。
1869(明治2年)	3月、天皇、東京着（事実上の東京遷都）。
	5月、箱館《はこだて》・五稜郭《ごりょうかく》の戦い終わり、戊辰戦争終結。
	6月、版籍《はんせき》奉還を許可し、各藩に知藩事を置く。
	7月、官制を改革し、神祇《じんぎ》・太政《だじょう》の2官、大蔵・民部《みんぶ》など6省、集議院、開拓使などを設置。
	12月、東京・横浜間に電信が開通する。
1870(明治3年)	1月、大教宣布《たいきょうせんぷ》の詔勅。神道による思想統一のはじめ。
	10月、兵制統一を布告。海軍は英式、陸軍は仏式。
	12月、新律綱領《しんりつこうりょう》（明治最初の刑法）を布告。
1871(明治4年)	2月、薩摩・長州・土佐3藩により親兵一万を徴集。
	5月、新貨条例を公布。貨幣単位を円《えん》・銭《せん》・厘《りん》とする。
	7月、廃藩置県。中央集権体制を確立する。
	11月、岩倉使節団、横浜を出航。

明治新政府となると、佐賀藩からの俊才は中央に出て活躍することになり、フルベッキも東京に招かれ、東大の前身にあたる開成学校の教頭に就《つ》きます。そして同時に中央政府の政治顧問的な役割も果たすことになります。そうした中で、大隈の諮問《しもん》に応《こた》えて、フルベッキは使節団派遣の企画書（ブリーフスケッチ）をつくっています。それが明治二年のことでした。

それには「天皇および国民が、その知性、活動力、高い人格に充分の信頼がおける人物」を、その使節代表として送り出すことの重要性が強調され、その場合、予測される外国側からの要求をはじめ、使節の目的・組織・人員・調査方法・旅程などが具体的に述べられていました。

大隈はこの意見書を得たものの、使節派遣は諸般の事情からなお時期尚早として、秘蔵するにとどまったのです。

一方、明治三年に貨幣ならびに財政制度調査のためアメリカに渡った伊藤博文は、現地で国際情勢に通じるに伴い、列国との間で交《か》わされた当時の条約が、わが国にとってきわめて不利であることを痛感します。そして、本国政府に対して明治四年二月に、次のような意見書を提出します。

「条約改正の時期は明年に迫っており、明治四年はきわめて重大な年にあたる」。ついては、「俊秀の人物にて外国語に通じ、またわが国の事務を実地に経験し熟知している者を選び、これを西洋諸国および米国に派遣し、交際の情実、条約の取り決めより関税制度にいたるまで調査をさせることが肝要である」

だから正式の使節を派遣して、いろいろ調査すべきだと提言するのです。

明治四年になり、廃藩置県の成功に伴って使節派遣の構想が具体化してくると、フルベッキの企画書のことがクローズアップされてきます。そこで岩倉がフルベッキを呼び、あらためて知恵を借りるわけです。こうして特命全権大使の派遣という形が急速に出来上がっていったのでした。

なぜ、五人の少女が同行したのか？

使節一行にさらに厚みと彩《いろど》りを添えたのは、同行した六〇人近くの留学生でした。当時はすでに第一次洋行ブームとでもいうべき現象が起きており、およそ志のある男子なら年齢にかかわらず、欧米留学に憧れた時代でした。

後に民権思想のリーダーになる中江兆民《なかえちょうみん》、国権主義者でのちに大臣を歴任する平田東《ひらたとう》助《すけ》、医療界の先駆者になる長与専斎《ながよせんさい》などは、いずれも自ら志願して留学生に加わり、後に憲法制定で伊藤博文を助け、日露の講和でも大活躍する金子堅太郎《かねこけんたろう》、三井鉱山を軌道に乗せ実業界の大物になる団琢磨《だんたくま》などは、旧殿様・黒田長知《くろだながとも》のお付きで留学生として岩倉使節団に加わりました。ほかにも経済的に余裕のあった公家、大名は、競《きそ》ってその子弟を自費で留学に出したのです。岩倉も大久保も、息子を同伴していました。

しかし、こと女子に関しては留学などまだ思いも及ばなかった時代です。そこへ幼い少女が選ばれて随行していくことになったのには、むろんそれなりの理由がありました。

そもそもの発端は、それより一年ほど前にワシントンを訪れた黒田清隆《くろだきよたか》でした。当時北海道開拓次官の要職にあった黒田は、開拓事業を進めていくためには、ぜひ西洋文明を見ておかなくてはと欧米に出かけるのですが、ワシントンで農務局の長官だったケプロンを日本に招くことに成功し、開拓事業の面目を一新させるのです。その欧米視察の際、黒田の心を捉《とら》えた第一のことは「文明を進めていくには教育こそ最重要なり」という認識でした。

そのころ、同じ薩摩出身の後輩だった森有礼《もりありのり》がワシントンに駐在していました。森は幕末に藩から英国に送り出された留学組の一人でしたが、弱冠二十四歳で初代アメリカ代理公使のような役をしていたのです。二人は文明開化につき、教育行政につき、大いに論じ合い、とりわけ欧米での女子教育の普及ぶりに共鳴したのです。

森は黒田に提言します。

「国家百年の計は、女子の教育に待たねばならない。国に帰られたらなんとか手だてを考えていただきたい」

そのころ三十歳を超えたばかりの黒田は、直情径行で知られていましたが、帰国後間もなく、女子教育に関する建言書を内閣に提出します。

「それ開拓の要は、山川《さんせん》の形勢を察し、往来を通じ、土地の善悪を検し、培育《ばいいく》を盛んにし以《もっ》て生を厚くし、俗を美にするに在り、今や欧米諸国は、能《よ》く子弟を教育するものというべし」

開拓事業と女子教育がここで結び付いてくるのです。

「何となれば、児子なお襁褓《きょうほ》（おむつ）にあり、よく菽麦《しゅくばく》（豆と麦）を弁ず、これ他なし、母已《すで》に学術あり、造次顚沛《ぞうじてんぱい》（しばらくの間に）必ずこれにおいてすればなり、しからば即ち女校を設け、人材教育の基《もとい》を立てざるべからず、故に、今幼稚の女子を選し欧米の間に留学せしめんことを欲す」

欧米では母親に教養が備わっているから、乳児の段階から母の手で、すでに教育を施《ほどこ》すことができる。だから日本はまず、これから母となる少女を選んで欧米の進んだ教育を受けさせるべきだという遠大な構想なのです。

しかし、いざ志望者募集となると「恐ろしい海を越えて、夷狄《いてき》の国へ娘をやろう」という親はなかなか見当たりません。黒田は娘を持つ開明派の官僚に呼びかけます。そして、ようやく五人の少女が選び出されるのです。

吉益《よします》阿亮は十六歳、父・正雄は、元幕臣、当時東京府の外務大録《たいろく》でした。上田悌《うえだてい》も同じく十六歳、父・畯は新潟県士族で外務中録を務め、十二歳の山川捨松《やまかわすてまつ》は、父・尚江が元会津藩の家老であり、兄健次郎はすでに、開拓使から米国コネチカットに留学していました。

永井繁《ながいしげ》は九歳、後に三井物産の総師になる益田孝《ますだたかし》の実妹であり、孝は父とともに幕末の池田使節に随行して欧州を見ていました。最年少の津田梅《つだうめ》は八歳、元佐倉《さくら》藩士で当時開拓使の農事吏員だった津田仙弥《せんや》の娘でした。

父親たちはいずれも旧幕臣あるいは佐幕藩の出身者で、津田仙弥や上田畯のように、すでに洋行体験のある者や海外事情に通じている者たちでした。同じ留学生でも男子の場

〈岩倉使節団の主要人物〉

●特命全権大使	右大臣	**岩倉具視**	（47）	公卿
●副　使	参　議	**木戸孝允**	（39）	長州
	大蔵卿	**大久保利通**	（42）	薩摩
	工部大輔	**伊藤博文**	（31）	長州
	外務少輔	**山口尚芳**	（33）	肥前

〈明治４年11月当時の日本政府〉

太政官 ― 正　院

太政大臣	三条実美
左大臣	欠員
右大臣	**岩倉具視**
参　議	西郷隆盛
	木戸孝允
	板垣退助
	大隈重信

大蔵省	大蔵卿	**大久保利通**
	大蔵大輔	井上馨
工部省	工部卿	欠員
	工部大輔	**伊藤博文**
兵部省	兵部卿	欠員
	兵部大輔	山県有朋
外務省	外務卿	副島種臣
	外務大輔	寺島宗則
文部省	文部卿	大木喬任
	文部大輔	欠員
司法省	司法卿	欠員
	司法大輔	**佐々木高行**
開拓使	開拓長官	**東久世通禧**
	開拓次官	黒田清隆
神祇省	神祇卿	欠員
	神祇大輔	福羽美静
宮内省	宮内卿	徳大寺実則
	宮内大輔	万里小路博房

●その他の主要人物

江藤新平	前文部大輔
後藤象二郎	前工部大輔
渋沢栄一	大蔵省

太字は岩倉使節団参加、「卿《きょう》」は大臣、「大輔《たいふ》」は次官に相当する

合、岩倉の子・具綱《ともつな》、大久保の子・利和《としなか》、伸熊《のぶくま》（後の牧野伸顕《まきののぶあき》）、山口の子・俊太郎などいずれも新政府で主流を歩む高官たちの子息であって、女子留学生の父親たちと際立《きわだ》った対照をなしていたのです。

そのころの常識からすれば、黒田や森の考えはあまりに先走っており、開明派の官僚といえども、わが娘を海外に出すなどちょっと思いつかなかったことでしょう。かといって娘たちの派遣が、必ずしも受け身の消極的なものであったとは限りません。そのころすでに西洋野菜の導入に尽力していた津田仙弥などは、新しい時代の到来を見越して、幼くして人並み秀《すぐ》れて聡明な、掌中《しょうちゅう》の玉ともいうべき梅を、敢然として旅に出すのです。

出発の日、仙弥は娘のはなむけに英語の入門書と「英語小辞典」の二部を持たせました。娘が喜びそうな絵草紙や人形も行李《こうり》に詰めてやり、仙弥がアメリカに行ったとき買い求めてきた赤いショールも肩にかけてやりました。そして「あんな幼い子を独り夷国《いこく》にやるなんて親の気が知れないよ」という声を背に、愛娘《まなむすめ》の旅立ちを見送るのです。小辞典の裏表紙には、仙弥の字でこう書かれてありました。

〔My daughter Ume, from the father Tuda Senyah Yedo, Dec. 19th 1871〕
（わが娘、梅へ。父、津田仙弥より　一八七一年十二月十九日）

使節団の三つの目的とは？

使節団の目的は三つとされています。

一つは新生天皇国家の誕生に伴う各国元首への挨拶まわり、二つは条約改正の予備交渉、そして三つ目が西洋列強諸国の文明探索ということになります。

さて、当時、目の上のタンコブ的な存在となっていた不平等条約とはいったい何だったのか、とりわけ次の点に問題があったのです。

第一は、治外法権を認めていたことです。

岩倉具視は明治三年に、すでにこのことに関連して、朝議に付すべき第一課題として外交を挙げ、概要次のように述べています。「今日のように、わが国の領地内に外国の軍隊が駐留し、裁判さえ外国人によって行なわれるというのは、わが国の恥辱とすることはなはだしい」と。

ちなみに清沢洌《きよさわきよし》氏の『日本外交史』によれば、「日本がこの時期にこのことに気付いて条約改正のための建言をしていることは驚くべき事」だといいます。というのは、隣国の清国において国家的に治外法権の非を明確に自覚したのは、それから約五〇年も後のことであったからです。このことは当時の日本人が、いかに独立に関し鋭敏な感覚を持っていたかを示しています。

第二は、関税自主権を奪われていたことです。

関税の自主権については、先述のように伊藤博文がその不利を痛論していますが、わが国のような充分に開化していない国は、保護関税を実施しなければ文明の時期を遅延することになると説き、かつてヨーロッパに遅れたイギリスが採《と》った政策も、さらにはまたイギリスに遅れた米国が採った政策も「防衛関税」だったことを指摘しています。

日本は当時、関税さえ自分で決められない状況にあったわけで、それは二重の意味で足《あし》枷《かせ》となっていました。一つは欧米の近代化された工場でできる低廉《ていれん》な製品が、ほとんどハードルもなしにどんどん国内に入ってくることになり、日本の産業は無防備のままそれに侵食されていたからです。そして国家として重要な収入の一つである関税が、低収入にならざるをえず、他の税収、つまり高価な地租《ちそ》に転嫁《てんか》させざるをえなかったのです。

つまり当時の日本にとって、不平等条約は宿痾《しゅくあ》にも比すべきマイナス要因であり、これ

〈使節団に参加した3人の大物〉

写真提供／毎日新聞社

大久保利通（上段）、伊藤博文（下段左）、木戸孝允（下段右）

を改正しないかぎり経済の被《こうむ》る打撃は大きく、政治的にも真の独立国家とはいえない状況にあったのです。が、欧米諸国が既得権益をそう簡単に手放すわけはありません。そこで明治政府は、現状では力不足で改正交渉をやっても無理だと判断し、今回は相手国の意向を打診する程度にとどめ、しばらく改正の時期を延期し、その間に欧米諸国を探索し、早急に対等の条約を結べるまでに開化を進めなくてはいけないと考えたのです。

行ケヤ海ニ火輪《かりん》ヲ転ジ

十一月八日、太政大臣三条実美は、この歴史的壮挙を祝って自邸で送別の宴を開き、高らかにはなむけの言葉を贈りました。

「外国ノ交際ハ国ノ安危《あんき》ニ関シ、使節ノ能否《のうひ》ハ国ノ栄辱《えいじょく》ニ係《かかわ》ル。今ヤ大政維新、海外各国ト並立《へいりつ》ヲ図《はか》ルノ時ニ方《あた》リ、使節ヲ絶域万里《ぜついきばんり》ニ奉《ほう》ズ、外交内治前途ノ大業、其成否《そのせいひ》実ニ此挙《このきょ》ニ在《あ》リ、豈《あに》大任ニアラズヤ」

格調高い名文です。

「行ケヤ海ニ火輪《かりん》ヲ転《てん》ジ陸ニ汽車ヲ輾《めぐら》シ、
万里馳駆《ばんりちく》、英名ヲ四方ニ宣揚《せんよう》シ、無恙《つつがなき》帰朝ヲ祈ル」

まさに「前途の大業、実にこの挙に在り」です。

送る者も送られる者も意気軒昂《けんこう》、ともに新生日本の命運を賭《か》けて、身震いするような使命感に溢《あふ》れての旅立ちだったのです。

第二章　世界一周の文明視察、六三二日

——彼らはどこを歩き、何を見たか

サンフランシスコで受けた「文明」の洗礼

一行は、アメリカの太平洋郵船会社（パシフィック・メール・スチームシップ・カンパニー）の「アメリカ号」で、横浜を出帆《しゅっぱん》します。四五〇〇トンの帆走を兼ねた外輪船で、二三日間でサンフランシスコに着いています。

サンフランシスコは、当時人口が一五万。ゴールドラッシュ以後急速に発展した、ある意味で西洋文明の最前線基地ともいえる街でした。一行はここで初めて西洋文明と出会うことになります。使節団の中にはすでに外国を知っている者もありましたが、ほとんどの人にとって最初の異国であり、印象がことさら鮮烈であったようです。

大使一行の案内されたホテルは中心街のグランドホテルでした。ここはヨーロッパスタイルの五階建ての格式のあるホテルで、一行は「西洋文明」の最初の洗礼を受けることになります。

玄関からロビーに入ると、まず磨き上げられた大理石の床に驚かされます。ロビーに続いて三〇〇人を一度に収容できるという大食堂があり、そのフロアには酒や菓子、果物、煙草、服飾品を売るアーケードがありました。二階から上がホテル部分で、部屋数は三〇〇に及んでいます。

一行はそれぞれの部屋に案内されましたが、驚きの連続でした。

久米邦武は、『米欧回覧実記』にこう書いています。

「客室、寝室、浴室およびトイレ、みな備わっている。大鏡は水の如《ごと》く、カーペットは花の如く、天井からは宝石かとみまちがうほどのビードロのシャンデリアがぶら下がり、ガス灯を点ずれば七彩に輝いて素晴らしい。窓には紗《しゃ》に花紋を織りだしたカーテンがかかり、霞《かすみ》をへだてて花を見るようであった」

ベッドに腰かけてみると、スプリングが効《き》いていて心地よく、洗面台の栓《せん》をひねれば清水がほとばしり出てきます。石鹼、手ぬぐい、マッチ、コップまで真新しいものが揃っています。わずかに指の先でベルを押せば、百歩の外から女中《メイド》が飛んできます。

一方、留学生たちの案内されたオクシデンタルホテルは一般的な商業ホテルでしたが、地階から天井まで吹き抜けでそこに螺旋《らせん》階段があり、すでにエレベーターもあって一行の度肝《どぎも》を抜きました。

大久保の二人の息子、利和と伸熊少年（後の牧野伸顕）も、ボーイに促《うなが》されてロビーの一隅にある小部屋に案内されると、そこにはすでにアメリカ人男女が三人こちらを向いて立っています。「妙な部屋に連れこまれたな」と怪訝《けげん》な面持《おももち》でいると、ボーイがドアを閉め、ゴトンという音がして部屋ごと浮き上がったというわけです。

万雷の拍手を浴びた伊藤博文の「日の丸演説」

サンフランシスコでは、使節団の到着前から歓迎委員会が組織されていて、明くる日から日曜以外はとぎれることなく歓迎行事が続きます。十二月十四日（陽暦一月二十三日）には、グランドホテルで、市歓迎委員会主催による大歓迎晩餐会が開かれました。それは歓迎行事のハイライトともいうべき大レセプションで、会場には日米の国旗が飾られ、参会者は三〇〇人を超え、知事、前知事、市長をはじめ各界の名士を網羅していました。

スピーチと乾杯がえんえんと続きます。岩倉大使もこれに応《こた》えて挨拶《あいさつ》し、つづいて伊藤博文が立って英語でスピーチをしました。これが日本人による、おそらく公式の場では初めてと思われる英語でのスピーチで、のちに「日の丸演説」として知られるところとなります。当日の模様を伝える現地の新聞「サンフランシスコ・クロニクル」から抜粋して紹介しましょう。

「今日、わが日本の政府および国民の熱望していることは、欧米文明の最高点に達することであります。この目的のために、わが国ではすでに陸海軍、学校、教育の制度について

〈西洋文明の洗礼〉

写真／サンフランシスコ歴史協会所蔵

（『米欧回覧実記』所収の銅版画、久米美術館提供、以下同）

一行が最初に泊まったサンフランシスコ・グランドホテル（上）と、ワシントン「合衆国国会堂」（下）

欧米の方式を採用しており、貿易についても頓に盛《とみ》んになり、文明の知識は滔々《とうとう》と流入しつつあります」

「しかも、わが国における進歩は物質文明だけではありません。国民の精神進歩はさらに著《いちじる》しいものがあります。数百年来の封建制度は、一個の弾丸も放たれず、一滴の血も流されず、一年のうちに撤廃されました。

このような大改革を、世界の歴史において、いずれの国が戦争なくして成し遂げたでありましょうか。この驚くべき成果は、わが政府と国民との一致協力によって成就《じょうじゅ》されたものであり、この一事をみても、わが国の精神的進歩が物質的進歩を凌駕《りょうが》するものであることがおわかりでしょう」

伊藤は、前年七月に断行したばかりの廃藩置県のことをいっているのです。

「わが使節の最大の目的は、文明のあらゆる側面について勉強することであります。貴国は科学技術の採用によって、祖先が数年を要したことを数日の間に成し遂げることができたでありましょう。わが国も寸暇《すんか》を惜しまず、文明の知識を取り入れ、急速に発展せんことを切望するものであります」

伊藤はいよいよ熱弁をふるいます。

「わが国旗にある赤いマルは、もはや帝国を封ずる封蠟《ふうろう》のように見えることなく、いまさに洋上に昇らんとする太陽を象徴し、わが日本が欧米文明の中原《ちゅうげん》に向けて躍進するしるしであります」

万雷の拍手が起こりました、しばしそれは鳴りやまなかったといいます。新生日本の開化への烈々たる意気が、三十一歳の伊藤の燃えるような情熱のほとばしりとなり、参会者の胸を打ったのです。

この新しい日本を象徴するような若々しいスピーチは、日本が未開、野蛮の島国ではなく、長い歴史を持つ精神的に進んだ国であり、いまや欧米文明国の仲間入りをすべく積極的に文明開化に努力している国家であることを世界に向けて宣言するものでありました。

勇み足の条約交渉、大久保・伊藤の一時帰国

サンフランシスコから一行は、大陸横断鉄道に乗って目的地のワシントンを目指します。ワシントンまで当時は、通常七昼夜かかりました。ところが一行が旅したのは真冬でしたから大雪のため不通となり、あちこちで足止めを食います。とりわけロッキー山脈の手前では、モルモン教の本拠地として知られるソルトレークシティ、当時まだ人口一万四

○○○の小さな町に一八日間も滞在することになってしまいます。

そうして横浜を発《た》ってから七〇日目にやっと第一の目的地、ワシントンに入りました。当時ワシントンは人口一〇万の街でしたが、国会議事堂もホワイトハウスも大蔵省の建物も、今日見ることのできる姿に出来上がっており、なかなか壮麗な政治首都でした。当時の大統領は、南北戦争の英雄・グラント将軍で、使節団はホワイトハウスで謁見《えっけん》し、天皇陛下からの国書を手渡します。アメリカ側の高官はほとんど全員出席して、大変な歓迎ぶりでした。さらに一行は開会中だった国会の議場へ招かれ、お互いにスピーチをしています。アメリカ側はこんなことを言っています。

「西洋はヨーロッパからだんだん西へ開拓してくるけれども、それは一種の征服であり侵略という形であった。ところが、東のほうから日本が平和的にやってきた、そしていま出会っている。東と西とが出会って、お互いに仲良く交際をして貿易を盛んにすれば、それがお互いの国の利益になるだろう」と。

このあたりまではまことに順調な旅でした。ところが、ここで思いがけず使節団は勇み足をしてしまいます。というのは、予備交渉をするだけのはずだった条約改正について本交渉を始めてしまうからです。それには当時ワシントンに駐在していた駐米公使ともいうべき森有礼《もりありのり》の強い勧《すす》めもあり、アメリカ側の思惑《おもわく》もあったようですが、使節の首脳がサンフランシスコ以来の歓迎ぶりにすっかり気をよくして、ここで一気に条約改正交渉に入ればうまくいくかもしれないと考えたのが最大の原因です。

ところがいざ交渉を始めようとすると、国務長官のフィッシュから「天皇陛下からの委任状は持ってきておられますね」と念を押されます。

一行は、もとよりそんなものは持ってきていませんし、そのようなものが要《い》るとも思っていません。そこで「委任状などなくても、信頼して談判を始めてもらいたい」と言うのですが、相手は外交慣例でそれはできないと突っぱねます。立ち上がりから国際常識の欠《けっ》如《じょ》を露呈してしまうことになったのです。

一行は鳩首《きゅうしゅ》相談の上、「使者を送って日本へ委任状を取りにいかせましょう」と答えます。ところがホテルに帰って相談しますが、書記官をやって取れるような委任状ではありません。事が事だけに留守政府がウンと言うわけがありません。すったもんだの末、結局、大久保利通と伊藤博文の二人が委任状を取りに、とんぼ返りして東京まで戻ることになるのです。今から見ればまったくベラボーな話ですが、当事者たちは大真面目であり意欲満々であったにちがいありません。いかにもその時代らしい気分です。

ワシントンに残った岩倉と木戸はさっそく条約改正の具体的な交渉を始めるのですが、いざとなるとそう甘くはありません。アメリカ側は譲歩をちらつかせながらも、それ以上の見返りを要求してきます。木戸は一週間も経たないうちに「この交渉は失敗だった」と日記に書いています。

話し合いが膠着《こうちゃく》状態となる中で、帰国した二人が戻るまで、一行はいろいろ文明見学をしています。大蔵省、特許庁、勧農寮《かんのうりょう》、スミソニアン研究所、学校、各種工場などど。そして五月の末ぐらいになると暑くなってきたこともあり、連邦政府はニューヨークやナイアガラ、ボストンの遊覧旅行に一行を誘い出してくれました。長居の客に、アメリカ政府もさぞや困惑したにちがいありません。

一方、委任状を取りに日本に戻った大久保・伊藤はどうなったかといえば、留守政府は頑《がん》として委任状の発行を認めません。もとよりこれは、独断で重大事項を決めないとして離日前に双方で取り交わした約定書の重大な違反です。

二人の前に立ちふさがったのは外務卿の副島種臣《そえじまたねおみ》と次官の寺島宗則《てらじまむねのり》です。副島は佐賀出身で学識抜群といわれた硬骨漢であり、寺島は外国事情に明るい重厚な薩摩《さつま》っぽです。この二人が中心で反対するものですから、さすがの大久保・伊藤のタフなタグチームも歯が立ちません。

困り果てた大久保・伊藤は、一説によると委任状をもらえないなら切腹だというところまで行ったとされますが、留守政府としても二人を見殺しにするわけにもいかず、一応委任状が出されることになります。

とはいえ「使ってはならない」という条件付きで、二人のメンツだけは立てた形で収まったようです。しかし、いったん出したとなるとあの二人のことだから使ってしまうかもしれないと、お目付役として急遽《きゅうきょ》、寺島が初代英国公使へ赴任《ふにん》という名目で二人に同行することになります。

こうして、結局は条約改正交渉は中止するのですが、このために使節団は七カ月近くアメリカにいることになったのです。使節団は初手から大失態を演じたことになりますが、その間各地をいろいろ見学することができました。そして共和国のからくり、産業の状況などを学び、自主独立の気風、実学の教育、キリスト教などがアメリカ人の勤勉や品行の基になっていることを理解します。

一行はこうして手痛い失敗を犯しながらも各地で大歓迎を受け、計り知れない文物を学び、開国の恩恵、世界交際の和気を痛いほど肌で感じながら、次の訪問国イギリスに向かうことになるのです。

旅費、言葉、交通機関はどうしたのか？

さて、旅となれば、汽船・汽車、ホテル・食事の手配、そして費用のことなどが気になります。それに米欧一四カ国を訪れようという大旅行ですから、言葉の問題も避けて通れません。

しかし、当時はすでに定期航路も開かれていた時代ですから、旅行サービスの代理業もあり、ガイドブックも発行されていました。言葉についても、幕末以来さまざまな形で外国語を習得した若者が、書記官や通訳として随行していたのです。当時一円が一米ドルでしたが、使節団は五〇万ドルくらい用意したと伝えられています。財政困難といいながら、いざとなればそれくらいの金は、準備できるだけの国力が備わっていたというべきでしょう。

ところで当時の国際交通の状況は、どのようになっていたのでしょうか。

いつの時代も世界を大きく変えるのは技術革新です。その象徴的なものが蒸気機関で、これが交通機関に応用されて汽船となり汽車となって、それまで隔絶していた世界がひとつにつながっていくのです。まず一八〇七年に蒸気船が初めてフルトンによってニューヨークのハドソン川を走ります。一八二五年には蒸気機関車がスティーブンソンの発明によりリバプール―マンチェスター間を走りました。

しかし新技術というのは最初に兵器に利用されるのが常で、まず「黒船」という形で日本へ姿を現わしました。ところが時代が進むと技術は民間の用に供されることになり、そこで初めて商船が生まれてくることになります。

一八四〇年代になると、商船がようやく世界各地を結ぶようになり、定期航路も開設されるようになりました。大西洋の定期航路はキュナードラインによって一八四〇年に、太平洋の定期航路はパシフィック・メイルシップ・カンパニーによって一八六七年に開業します。それまでは探険家や軍人など一部の人にしか利用できなかった蒸気船が、一般の市民にも利用できるようになってきたのです。

しかし世界一周の旅となると、もう一つの障害がありました。アメリカ大陸とアフリカ大陸です。これがために船は大まわりしなければなりません。やむなくアメリカ大陸の横断は、パナマのいちばん狭くなっているところに上陸して、陸上を横断しまた船に乗ることになります。アフリカ大陸の場合も、地中海沿岸のアレキサンドリアに上陸し、鉄道でカイロ経由でスエズまで行き、あらためて船に乗るのです。

幕府でも一八六〇年（万延元年）にアメリカに初めて使節を送りましたが、その時はアメリカの軍艦ポーハタン号に乗せてもらい、パナマ経由で行きました。また徳川昭武《あきたけ》がパリ万国博に行くときもスエズまで船で行き、いったんそこで上陸して陸路カイロ経由でアレキサンドリアまで行き、また船に乗ったのです。

ところが一八六九年に、アメリカ大陸横断鉄道が開通し、スエズ運河が開通します。この世紀の大工事の相次ぐ竣工によって、世界一周はいっぺんに手の届くところにきたのです。ジュール・ヴェルヌがあの有名な『八十日間世界一周』を書くきっかけになったのも、この二大工事の完成でした。ジュール・ヴェルヌは「たしかに地球は小さくなった。なにしろ今日では一〇〇年前より十倍も早く、地球を一まわりできるからな」と書いていますが、定期航路が開かれ、それがビジネスとなる時代が来たのでした。国際旅行ビジネスの祖といわれるトーマス・クックも、使節団と同じ年、初めて世界一周をしています。

こうして岩倉使節団は、海外旅行のまさに幕開けの時期に、まことにタイミングよく世界一周の旅に出たことになります。

栄光の大英帝国、その繁栄の秘密とは

さて、思いもよらぬ長期の滞在となったアメリカを、使節一行が後にしたのは、明治五年（一八七二年）七月三日のことで、ボストンからリバプールまでの一〇日間の航海はひじょうに穏《おだ》やかだったといいます。

当時のイギリスは大英帝国の栄光の頂点にあり、まぎれもなく世界一の強国でした。人口は三一八一万、五大州に広がる植民地を含めると二億四〇〇〇万に達し、「英国に日没を見ず」と言われていました。

ロンドンは人口三二五万、テームズ河には一三本の橋がかかり、そのうち四つには鉄道が走っていました。すでに地下鉄もできており、ロンドンは「頭上に走る汽車あり　地下を走る輪あり　製作の奇工をきわめたり」の状況でした。

一行は世界最先端の文明の諸相を学び、ヴィクトリア女王に拝謁《はいえつ》することが英国での一番の眼目であったのですが、アメリカでの滞在が延びたおかげで英国到着が遅れ、女王はすでにスコットランドへ避暑に出かけたあとでした。一行は女王の帰京を待つ間をむしろチャンスとして、各所の見物・視察に精を出すことになります。

まずポーツマスなどの軍港に行って最新鋭の軍艦を見学し、ビーコンヒルで陸軍の練兵

を見たりしています。

当時、駐日公使のハリー・パークスが休暇で本国に帰国していて、この際だから「イギリスの富強のからくりをお見せしよう」と案内を申し出ます。そこで大使、副使を含めた九人が、イギリスの各地へ見学・視察旅行に向かうことになります。

最初はリバプールへ行き、造船所、紡績工場、倉庫などを見ています。特に造船所では、大きな船ができていくプロセスを見学し、分業というものがどういうものかを視察することになります。まず設計する人がいて雛型《ひながた》を作り、それに基づいて職工が分担して仕事をしていく。そういうシステムを実地に学んでいるのです。

またクルーという町では鉄道の車両工場を見ます。機関車や車両が次から次へと出来上がっていくさまを目の当《ま》たりにし、こうした工場はマンチェスターにもバーミンガムにもあると聞いて、一行は素朴な疑問を抱きます。そこで蒸気車が毎日のように次から次へ出来上がっていくと年間では相当な数に上る、イギリスの国中が車両でいっぱいになってしまうのではないか、と。ところがそれはほとんど輸出用だとわかります。

事実、ヨーロッパはもちろん、オーストラリアでもインドでも、一生懸命鉄道を敷いています。レールを敷けば当然、機関車や車両が必要となります。考えてみれば、中国や日

〈大英帝国の繁栄〉

『倫敦《ロンドン》『シチー』之廊門《ろうもん》』（上）、
『ウェストミニステル　橋之巴力門《パーレメント》』（下）

本でも鉄道を作っていました。なるほどマーケットが世界中にあるわけだから、その世界の工場をイギリスが請け負っているのだということを納得するのです。

つづいて一行は、産業革命発祥の地マンチェスターへ行きます。糸、布を作るところから、紡績機械を造るところまで詳しく見学します。ここはまさに工業都市の光景を呈していて煙突が林立し、あちこちからもくもくと煙が出ていました。

ハリー・パークスが言います。

「イギリスという国は緯度からすると樺太《からふと》あたりに相当する。海流の関係で気候は樺太と同等には論じられないが、それにしても日本に比べれば寒い土地で、緑はあってもせいぜい羊や牛が食べるくらいの草しか生えない。そういう貧しい荒寒の土地で今日の富を築いてきたのは、地下から石炭と鉄を掘り出し、蒸気機関を発明し、毛織物、綿織物を作って輸出をしたからだ」と。

それからグラスゴー、エジンバラ、ニューカッスル、ブラッドフォード、バーミンガムなどを約四〇日かけて見学しています。そして英国の富の源泉がどこにあるかをしっかりと見抜くのです。

歴然たる格差と、将来の希望

この英国巡覧の旅は、ヴィクトリア女王がロンドンを留守にしていたことがかえって幸いしたところがあります。都市だけでなく、田舎もたっぷり時間をかけて見ることができ、貴族の館《やかた》に泊めてもらったり、実業家と会食したり、素朴な地方の人たちとも交歓することができました。

グラスゴーの近くのブランタイルという貴族のところでは三泊、チェスター近くのトルマシェという有力者の館にも三泊させてもらっています。そしてそこでは、その家族とも親しみ、貴族や富豪の生活をつぶさに目撃しているわけです。英国における貴族というものがどのようなものなのか、実地に見学したことになります。

またスコットランドの田舎やイングランド中部では、地元の人々と親しく接する機会もありました。こうしてイギリス人の生活の実態にまで触れることができたのは、大いなる収穫だったと思います。

英国で使節一行がとくに興味を持ったことが二つあります。一つは政治制度であり、ひとつは産業貿易のからくりです。

しかし政治制度については、英国はわかりにくいところがあります。もともと慣習法が基本のコモンローの国で、法律がきちんとしているわけではありませんし、議会を見物すると共和制のようにも見え、ウインザー城へ行けば王政にも見えるし、地方へ行くと貴族の権力が大きくて貴族制のようにも見えます。

久米は「三様の政治」と言ってますが、それがうまく一体になって微妙なバランスを保っているのです。しかし、英国の政治形態がそこまで成熟してくるまでには長い年月がかかっていることを知り、そう簡単に真似できるようなものではないことを理解します。

ところが産業経済の面でいうと、英国はアメリカと違って、国家のサイズの点でも欧州大陸から離れた島国という点でも、日本と似ています。それなのに富については大変な格差がついてしまっている、その原因はなにかというと、工業と貿易だということがわかるのです。

そして鉄道、船、郵便などのシステムや、鉄や機械や各種の工場を見ますが、それも四、五〇年前まではほとんどなかったことに気がつくのです。

「そうか、今はこんなに繁栄しているけれど、それも著《いちじる》しく発展したのは僅々《きんきん》四〇年くらいのことなのだ」と思うのです。

こうして英国では国を富ます要因がなにか、そのからくりをじっくり勉強して、次の目的地へと向かいます。

「麗都・パリ」の鮮烈な第一印象

一行はいよいよドーバー海峡を渡って、明治五年十一月十六日（陽暦十二月十六日）ヨーロッパ大陸に入ります。その第一の訪問地がフランスであり、パリなのです。

カレーから汽車で、もうすっかり暗くなったパリの北駅に着いた一行は、さっそく馬車に分乗して、煌々《こうこう》たる月光の中、イタリアン大通りを走ります。街路樹に縁《ふち》どられたブールバールには軒《のき》を揃えた石造りの美しい建物が建ち並び、煤煙《ばいえん》ですす汚れた喧噪の街、ロンドンからやってくると、まるで別世界へ来たような感じだったのです。久米はそのパリの第一印象をこう描写しています。

「皜皜《こうこう》たる層閣、街を挟《はさ》みて聳《そび》え、路《みち》みな石を甃《しゅう》し、樹をうえ、気燈（ガス燈）を点ず、月輪まさに上り、名都の風景、自《おのず》から人目を麗《うるわ》し、店店に綺羅《きら》を陳《つら》ね、旗亭《きてい》に遊客の群がる、府人の気風また、英京（ロンドン）と趣きを異にす、すでにして『シャンゼルセー』の広衢《こうく》を馳《は》せ、『アレチツリヨン』門前なる館に着せり」

一行はコンコルド広場からシャンゼリゼの通りを走り抜け、凱旋門に面したフランス政府提供の迎賓館に宿を定めるのです。明くる日、目を覚ましてバルコニーに出てみると素晴らしい景色が展開しています。目の前に凱旋門があり、葉を落とした木々を透《す》かして美しい街並みが展望できます。久米は「風景、絵の如し」と感嘆の声をあげています。

十一月二十六日、使節団はチエール大統領に謁見します。この時は大使以下、ロンドンで誂《あつら》えた新調の礼服を着こなして、すっかり西洋化した姿でありました。

パリは当時人口が一八〇万、ロンドンには人口と繁華で一歩を譲るものの、その典雅な美しさは比べるべくもなく、西洋文明の頂点を示す「麗都《れいと》」でした。

フランスはわずか二年前に、隣国ドイツにまさかという敗北を喫して莫大な賠償金を課せられ、しかも前年には世界最初の労働者政府ともいうべきコミューン騒ぎがあって、パリは内戦の場となったのです。しかしそれにもかかわらず、パリの街にはその傷跡も見られず、うらぶれた様子もなく、華やかなたたずまいを見せていたのです。

その原因は何か、一行はおそらくその疑問を胸に、視察の日々を過ごしたでありましょう。使節団はパリに二カ月余滞在して、例のごとくいろいろなところを見学しています。

モンヴァレアンの砲台、サンシールの兵学校、ナポレオンの墓、鉱山学校、天文台、博物館、図書館、フランス銀行、公設質屋、下水道、レ・ザールの市場などなど。

そして英国での見学先が鉄や石炭や各種の工場であったのと対照的に、パリでは手工芸的なゴブラン織やセーブルの陶器、チョコレートや香水工場などを見学します。

当時、最も繁華なショッピング街であったパレ・ロワイヤルでは、素晴らしい商品とその見事な陳列を見せられ、美しいマドモワゼルの誘いに乗って買い物を楽しんだりしています。

久米は「制作の巧みなること、欧州第一にて、その伎倆《ぎりよう》精粋《せいすい》機巧《きこう》にして、風致を極め美麗を尽くし、よく人の嗜好《しこう》に投合す。故に世界の流行物は常に仏国に源す」とフランスを評し、まさにフランスは当時から文明都雅の尖点《せんてん》であり、英国人がいかに世界一の繁栄を誇ろうとも婦人のファッションとなればパリの流行を追い求め、ロシアの貴族がいかに豪華奢侈《しゃし》を競《きそ》おうとパリに憧れるのだ、と言っています。

英仏を前にした大久保利通の落胆

一行が訪れた時期が陽暦でちょうどクリスマス間近だったせいもあり、パリは一段と華やかな雰囲気に包まれていたらしく、またその年がことのほか暖冬だったことも幸いして、シャンゼリゼ界隈《かいわい》にはガス燈が連珠《れんじゅ》のように輝き、あたりには音楽が流れて浮き浮きした気分があったようです。

久米はパリの街は「到るところ酒店、割烹《かっぽう》店、カフェテラスあり、樹陰《こかげ》に腰掛けを置き、遊客がテーブルをはさんで談笑している」と述べ、「ロンドンにあれば、人をして勉強せしむ、パリにあれば、人をして愉悦せしむ」とその特徴を表現しています。

使節団はここでこの繁栄の背景にあるフランスの経済力の秘密について考えています。フランスは人口三六〇〇万、英国などと違ってヨーロッパの最も肥沃《ひよく》な土地を占めていること、そしてナポレオン一世の政策よろしきを得て、富が平準化されていること、また「農業は諸業の大本なり」として、その生産性の向上に努めていることなどを学んでいます。

そして共和制については、こうした伝統のある社会ではけっして一筋縄ではいかないこと、つまり革命以来、政体は安定せず、八〇年の間に六回も王政と共和制を繰り返してきたことを知るのです。そして政経学者のブロック博士からは、かえって日本の「万世一系の天皇制」を評価されてしまいます。

〈麗都・パリ〉

「巴黎《パリ》ノ凱旋門《アレチツリヨン》」(上)
「巴黎『コンゴルト』苑ノ『オブリスキ塔』」(下)

木戸はそれまでの共和制寄りの考え方を反省して「独立自由も三権分立も、よほど勘弁してからないと大変なことになる」と日記に記しています。

そして使節一行は、博物館や図書館を訪れて文化の積成に思いを馳《は》せ、文明開化なるものがとても一朝一夕にできるものではなく、多年の積み重ねによるものだということを肝に銘じるのです。

しかし英仏の文明はあまりに高く進んでいました。大久保はその感想を当時サンクト・ペテルブルグにいた後輩の西徳二郎《にしとくじろう》宛てにこう書いています。

「英米仏等は普《あまね》く取り調べも出来居《お》り候《そうろう》のみならず、開化登ること数層にして及ばざること万々なり。よって孛魯《ふろ》ノ国（プロシャとロシア）には必ず標準たるべきこと多からんと愚考いたし候につき、別《わけ》てこの両国のことに注目いたし候」

英米仏はちょっと開化しすぎていて、日本が当面手本にするには手が届かないから、ドイツやロシアあたりが適当かもしれないとの予感を伝えているのです。

小国ベルギー、オランダの独立と富裕の秘密

二月十七日、パリを発《た》った一行は、ベルギーのブラッセルを訪れます。ここではレオポルド二世に拝謁し、一週間滞在して各所を視察しています。ベルギーは人口五〇八万、小さな国ながら新興の工業国として盛んであり、一行はリエージュやゲントなども訪れ、ベルギーの誇る鉄鋼業やガラス工場、毛織物工場などを見学しています。

ベルギーはヨーロッパで最も早く鉄道網を敷いた国で、小なりといえど大国の間にあって独立を全《まっと》うし、富国を維持しており、使節団はその原因を「国民ひとりひとりの自主独立の気概と勤勉にある」と理解するのです。

そしてワーテルローの古戦場を訪れたときには、ヨーロッパが戦争の歴史であったことをあらためて認識します。

一行は次いでオランダに入ります。ハーグに宿を定め、ここからロッテルダム、ライデン、アムステルダムなどへ視察に行っています。オランダは人口が三八五万、ただジャワをはじめ植民地を持っており、その属地の人口は一八〇〇万にも及んでいました。この国は日本にとって特別の意味を持った国であり、鎖国時代を通じて、ヨーロッパへの唯一の窓として文物を吸収してきた西洋文明の師でもありました。

しかし現実にオランダへ来てみれば、湿地のような国土で石炭も木材も鉄もなく、その資源の貧しさに強烈な印象を抱きます。にもかかわらず独立と富裕を保っているのはなぜか、それはまさに「勤勉で辛抱強い国民性」であり、「積極的に海外へ出て貿易に努めた進取の精神にある」と久米は書いています。

新興ドイツ、そしてビスマルクの演説

使節団はオランダに一二日ばかり滞在した後、三月七日ドイツに向かいます。そしてベルリンに入る前に工業都市エッセンを訪ねます。

ルール川地帯は石炭と鉄が豊富で、早くから鉄鋼業が興《おこ》ったところです。エッセンはその中心に位置し、ドイツを代表する鉄鋼と軍事産業の総合会社クルップの大工場がありました。職工二万人を擁する鉄と機械と兵器の工場は、新興ドイツの象徴ともいうべきもので、後進国だったドイツが普仏戦争でフランスに勝った背景には、この工業力があったことを一行は感得しています。

一行はいよいよドイツの首都ベルリンに入ります。人口八〇万のベルリンはまだ粗野な面を残しながら、ウンテル・デン・リンデン通りを中心に新興の意気に溢《あふ》れていました。

ドイツはつい数年前まで二十いくつかの領邦国家に分かれていたのを、プロイセン主導でようやく統一がなされたのでした。一行は、その立て役者である皇帝ウイルヘルム一世と宰相ビスマルクに会うことになります。

ドイツはいろいろの意味で、当時の日本と類似点がありました。人口は二七〇〇万で日本より少ないのですが（当時の日本の人口は約三五〇〇万）、国家統一の面でも産業革命の面でも英仏に後れを取り、オーストリア、ロシア、フランスという大国に囲まれて、その干渉の危険にさらされながら、ついにドイツとしての統一を果たし、英仏などの大国と優に匹敵しうるだけの国家に仕立て上げたのです。

ビスマルクは一夕、使節団を晩餐会に招いて、親しくスピーチをしました。

「当今、世界はみな親睦《しんぼく》礼儀をもって交わっているように見えるが、それはまったく表面上のことで、内面では強弱相凌《しの》ぎ、大が小を侮《あなど》るというのが実情である」

鉄血宰相といわれ、天才的な外交官だったビスマルクは、その経験からして万国公法などというものは表向きのもので、実際に利害が反してくると結局は力がものをいうのが国際社会の実態であることを直言するのです。

使節団の首脳は、とくにこのスピーチに感銘を受けたようです。日本もまた産業革命に後れを取り、いま北からはロシア、東からはアメリカ、西からは英仏などの圧力を受けて、いかにしてそれと並立しうる独立国家をつくりだしていくかと苦慮していたからです。

さて、一行がここまで来たとき、留守政府の太政大臣・三条から、木戸、大久保に帰国命令が来ます。国内にいろいろ難題が惹起《じゃっき》して対応しきれなくなったからです。それに当初の予定である一〇ヵ月はとうに過ぎていました。

そこで大久保はすぐにも帰国することになりますが、木戸は応ぜず、自分はロシアを見てから帰りたいと強く希望します。それには大久保と木戸の不仲もあったようです。岩倉はその間にあって二人揃って帰国するように周旋しますがどうにもならず、口癖だった「ドモナラヌ」を連発したといわれます。

結局のところ、大久保はここから帰国の途につくことになり、木戸はロシアを見てからの帰国に決するのです。

最警戒国ロシアが与えた印象とは

岩倉一行は三月二十八日、ベルリンを発ち、いよいよロシアの首都サンクト・ペテルブ

〈新興国・ドイツ〉

写真提供／共同通信社

一行に強い印象を与えたビスマルク（上）と、
ベルリンの「ウンテル・デン・リンデン」通り（下）

ルグに向かいます。途中ポーランドの領内を走るのですが、この国はロシアとドイツに占領分割されて、当時は亡国の憂き目《うめ》にあっていたのです。情に厚い木戸はその歴史に思いを馳《は》せ、車窓からの侘《わび》しげな風景に接して同情の念を禁じえず、涙さえ浮かべています。

ヨーロッパはアメリカや英国と違って、陸続きのところに多くの国が割拠しており、それらの国々が絶えず相争ってきたことをあらためて実感します。そしてビスマルクの演説を聞いた直後だけに、欧州各国の置かれている現実の厳しさを認識したものと思われます。ベルリンからペテルブルグまでは千五、六〇〇キロ、列車で二昼夜という長い旅です。ロシア領に入ってくると、車窓からの風景は一段と貧寒の相を増して、白樺《しらかば》の木々や丸太小屋のような住まいがみすぼらしく侘しく見えてきます。

久米はここでアメリカ大陸の荒涼たる大地を思い出し、未開の西部から始まったこの旅が、ニューヨーク、ロンドン、パリと文明発展の階段を登りつめ、そしてまたその頂点からブラッセル、アムステルダム、ベルリンとだんだん坂を降りるようにして、いま再び未開の地に戻ったような感触を抱いたようです。そして世界の中で開化している部分は全体からすればごく小さな地域であって、ほとんどの土地がまだ未開の状態にあることを思うのです。

三月三十日、列車はペテルブルグに到着します。街の第一印象は、欧州の荒涼たる北の果てに突如として現われた華厳《けごん》楼閣の大都でした。

もう四月だというのにネヴァ河は真っ白に氷結しており、平坦で広々した景観、広い道路、壮大なスケールの建築群、縦横にはりめぐらされた運河、気象や色彩もふくめ一種独特の世界にやってきたことを実感します。

ホテルは街の中心の参謀本部近くにあり、その周辺には聖イサク寺院、冬の宮殿、海軍本部などの広壮な建築が建ち並んでいます。

使節団はアレクサンドル二世に謁見し、造船場、鉱山学校、兵器工場など、例によって各所を視察してまわります。ロシアは人口が七九〇〇万、領土は欧州からアジアに跨《また》がり世界一の広大な国です。しかしこの国は政教一致の絶対王政の国であり、一〇年ほど前に農奴解放令が出されたとはいえ、いまだに少数の王侯貴族だけが豪勢奢侈《しゃし》を誇り、大多数の人民は奴隷に近いような貧しい生活を余儀なくされている現状を観察するのです。

久米の説によると、当時の日本の有識者の間では、こう考えられていたといいます。すなわち「世界で最大最強の国はロシアである、英仏はオランダ同様の町人国であり、そう恐れるには足りない、ドイツやオーストリアはたかだかヨーロッパ内で強を競う国で、日本に脅威を与えるほどではない。わが国が最も恐れるべき国はロシアである」と。

事実ロシアは日本列島と隣接しているだけに、これまでに樺太《からふと》でも対馬《つしま》でもいろいろと問題が起き、ロシアは最も警戒すべき国と考えられていたのです。

しかし、実際に旅して実態を見てみると、印象がずいぶん違ったようです。久米は書いています。欧州で「最も雄なるは、英、仏」であり、「最も不開なるは露」である。そして国力というものは一部の王侯貴族に拠《よ》るものではなく、人民一般のいわば民力に拠っているのだと。

そして「虎狼《ころう》を以《もっ》て外国を疑えば何国かみな虎狼ならざらん、もしその親睦を以て相交《あいまじ》われば、欧州各国みな兄弟なり」として、ロシア独りを特別に「虎狼視」することの間違いを指摘し、さらにはわが国が最も親しむべきは英仏なのか、ロシアなのか、あるいはドイツやオーストリアなのか「世界の真形《しんけい》を various知《りょう》知し、的実に深察すべし」と自らを強く諌《いさ》めているのです。

小粒ながらキラリと光る北欧の国々

一八日に及んだロシア滞在を終えた一行は、また同じルートを辿《たど》ってドイツ領まで南下し、そこで先に帰国することになった木戸と別れ、デンマークに向かいます。

コペンハーゲンに着いた使節団は、皇帝クリスチャン九世に謁見し、五日間滞在して博物館、電信会社、軍艦製造所などを見学します。デンマークは人口一七〇万、久米はこの国の印象を「一般みな質朴にて生業に励み、奢麗の風に淫《いん》せざるは欧州第一なるべし」と書いています。

次いで一行は船でバルト海を渡り、スウェーデンのマルモに上陸し、汽車で北上してストックホルムに向かいます。スウェーデンは人口四二五万、スカンディナビア三国の中のリーダー的存在です。

首都ストックホルムは水上に浮かんだような美しい街で、当時の人口は一三万八〇〇〇。久米はこう表現しています。

「総てこの都府は、地磐に花剛《かこう》石をしき、清き湖水中にあり、松林にて緑色を粧《よそお》い、蒼石にて家屋を連《つら》ね、層層として碧波《へきは》に映ずるは、いかにも浄潔《じょうけつ》なる都府にて、全欧になき気象なり」

使節団は王宮で国王グスタフ一世に謁見、夜は晩餐会、舞踏会に出席します。そして海軍所、博物館、物産展覧所などを見て歩きますが、ハイライトはやはりこの国の代表的な産業だった鉄鋼工場で、きわめて良質の鉄がつくられている様子を見学しています。

こうしてスカンディナビアの国々を訪れた後、一行は再びドイツ領内に入り、ハンブルグ、フランクフルト、ミュンヘンへと立ち寄り、それぞれ二泊して市内各所を視察し、いよいよアルプス越えにかかるのです。

南国イタリアの風景と人々の気質

一行を乗せた列車は五月七日夜の十一時にミュンヘンを出発して、ようやく夜が明けるころ、チロルの山中に分け入っていきます。山らしい山を見るのはスコットランド以来であり、深山幽谷《しんざんゆうこく》に接するのはアメリカのシェラネバダ以来一年半ぶりです。インスブルックを過ぎていくつかのトンネルを抜けると、素晴らしい景観が眼前に展開します。久米はわが箱根《はこね》越えを連想してこう表現しています。

「車窓たちまち闇《くら》く、また明らかなるに驚きて、首《こうべ》を挙《あ》ぐれば、汽車はまさに山中の洞道を馳行せり。両側の山は峨々《がが》として聳《そび》え、岩石骨を露《あら》わし、涓滴《けんてき》をその間に流し、松樹乱生す。これを『アルプス』山の東支『チィロリ』山脈とす。時に雪峰の崔嵬《さいかい》として（高くそばだち）、乱障の間に露《み》わるるを看るは、わが箱根を攀《よじ》って、富嶽《ふがく》を望むに彷彿《ほうふつ》たり」

朝七時、列車は峠にさしかかります。有名なブレンナー峠です。一行は列車からホームに降りて、朝の清澄な空気を胸いっぱいに吸い込みます。ここはアルプス越えの要所で、ナポレオンもゲーテも、ここを越えて南の国へ抜けていったのです。峠を境にして風景が一変します。山容もどこかやわらかになり、大気もゆるんで、ぶどう畑などの果樹が目立ちはじめ、建築の様式もすっかり変わります。アルプスの北の寒色の世界から、南の国の明るい暖色の世界への転回であり、そのコントラストが鮮やかです。

「欧州の地、『アルプス』山を越えて、南に出れば、草木《そうもく》色濃《こまや》かに、花卉《かき》（花や植物）妍美《けんび》なる、わが日本の気象に似たり」

久米はこう表現して、軽井沢から碓氷峠《うすいとうげ》を越えて高崎に下ってくるコースを連想していますが、列車はアディジェ川に沿って進み、北イタリアの豊穣の地、ポー川流域に下ってくるのです。

一行はフィレンツェでイタリア側の出迎えを受け、一泊した後、ローマに向かいます。車窓から見えるのびやかな田園風景は久米らをなごませたようで、イタリアの風土について久米は感慨深げにこう書いています。

「山秀《ひい》で水清く、空気清暢《せいちょう》にして、土壌肥腴《ひゆ》なり、草木みな茂《も》し、野芳も妍妍《けんけん》として、美を争う、しかるに路傍には、除かざる蕪草《ぶそう》あり、市街には払わざる塵芥あり、農は野中に偃臥午睡《えんがごすい》（横たわって昼寝する）し、あるいは路隅に箕踞盤傲《ききょばんごう》（両足を投げ出してすわる）す。馭夫《ぎょふ》は車中に睡《ねむ》り、馬に任せて路を過《す》ごす。市中には便服《べんぷく》（ふだん着）にて箕踞《ききょ》し、酒を飲み拇戦《ぼせん》す（拳を打つ）、あるいは一家団欒《だんらん》して飲食をなし、その生業における、通して勉励の気象に乏しく、北方諸国とは、頓《とみ》に異俗を覚ゆるなり」

気候よく、土地は肥えて、おのずから「民に惰情《だじょう》あり」ということを感じるのです。

ローマに見るキリスト教の威力と西洋文明の淵源《えんげん》

一行にとって、ローマはまた驚きの一つでした。まるで二〇〇〇年の遺跡の中に迷い込んだような趣があり、「全府、寺刹《じさつ》を以《もっ》て成ると謂《い》うほどに寺多し」です。街にはホコリが立ちゴミが散乱し、貧児、乞食の姿が目立ちます。当時のローマは人口二三万、イタリア第一の都市ナポリの半分で、統一イタリアの首都に返り咲いてまだ二年半しか経っていない時期でした。

使節団は皇帝ヴィットリオ・エマヌエル二世に謁見し、夕食のご馳走にあずかっています。イタリアは人口二六〇〇万、ようやく一二年前に統一されたばかりでした。この街に一週間滞在し、古都の名所旧跡を視察してまわります。サン・ピエトロ寺院、ヴァチカン宮殿、フォロ・ロマーノ、コロシアム、カラカラ浴場跡、サン・タンジェロ城、パンテオン、カタコムベなどなど。

一行は二重の意味で、欧米文明の源流に辿《たど》り着いたことを実感します。一つはキリスト教についてであり、一つは都市文明についてです。

久米は「カトリック教が、古来欧州政治の変化と大関係を有すること、ほとんど東洋人の意想しあたわざる所たり」と書いています。

つまり、宗教が中世の暗黒時代の燭光《しょっこう》だった頃、ローマ法王の威権は強大で、各国の帝王も「威福を国民の上に保有するには、教王の余威を仰がざるを得ず」でした。かのナポレオン一世でさえ、王の冠を授かるのはローマ法王からであったことを思えば、おのずからその威光のほどが知れます。わが日本の将軍たちが天皇の威福をかり、征夷大将軍に命じられ、摂政《せっしょう》・関白《かんぱく》の位を得るのとどこか似ていることを感じたかもしれません。

そしてヴァチカンの広壮華麗な大建築と、夥《おびただ》しい美術骨董品を見て、いまさらながら宗教の威力のすごさに感じ入るのです。

また一行は、ローマに西洋文明の淵源《えんげん》を見る思いでした。

建築、土木、水道、彫刻、美術、学問など、その大本はここにあるとの思いです。ワシントンの壮大な建築群も、ロンドンのセント・ポール寺院も、パリの凱旋門も、その源はここにあることを知るのです。

久米はこう言っています。「ローマの水道、噴水は水学のもとである。石造の橋、古像、古柱は鉱石科学のもとである。煉瓦を焼いて壁とし、アーチの梁架《りょうか》をつくるのは重学のもとである。絵画、彫刻、いたるところにあるは美学のもとであり、コロッシアム、カラカラ浴場は建築学のもとである。いまでは文明の花とうたわれているロンドン、パリの壮麗な都市も原形はここにある」と。

そして千年にわたる文明の歴史に思いをめぐらせ、久米はこう書いています。

「今、英、仏、独の盛んなるも、その開化の由来せる素質は、自《おのずか》ら羅馬《ローマ》に淵源し、今に至りても、この都に観《み》れば、歴々徴《ちょう》すべきもの多し、欧州の文明を談ずるものは、必ず一たびここに来たりて、その史伝を考徴《こうちょう》するという、嗚呼《ああ》、国の文明、その積成は一朝一夕のことにあらず、これを数千年来に孕《はら》みて、しかる後に煥発《かんぱつ》するかくのごとし」

かつてローマ帝国が最盛を誇ったころ、ロンドンもパリもまだ貧寒たる田舎にすぎなかったとし、またそのころ中国では高度な文明が栄えていたことにも思いを馳《は》せ、東西文明の興亡を俯瞰《ふかん》しているのです。

ヴェネツィアの悦楽

一行はその後、ナポリを訪れてポンペイの遺跡も視察し、踵《きびす》を返してローマに戻り、さらにはヴェネツィアを訪問しています。使節一行は五月二十七日、夜の一〇時にヴェネツィア本島と本土との間にかかる長い橋を渡って駅に着きます。そして直《ただ》ちにゴンドラに乗って水上を行き、サンマルコ寺院に近いグランドキャナルに面したニューヨークホテルに入るのです。

岩倉大使が少し体調を崩したこともあって、この水の都に、一行は一週間ばかり滞在します。久米はこの街を描写して次のように書いています。

「雄楼傑閣《ゆうろうけつかく》、島を填《うず》めて建つ、河を以《もっ》て路にかえ、艇《てい》を以て車馬にかえ、欧州の諸都府中に於《お》いて、別機軸の景象をなせる、一奇郷なり」

一行はドゥカーレ宮殿や鐘楼、サン・マルコ寺院や図書館などを見学し、はからずも天《てん》正《しょう》の少年使節や、伊達《だて》藩から派遣された支倉常長《はせくらつねなが》の署名など見せられて驚いています。

なお、伊藤博文などの若手は、この間にミラノへ視察に出かけています。

久米は大使随行でしたからゆっくりヴェネツィアの雰囲気を楽しんだ様子で、この街の素晴らしさをこのように表現しています。

「府中の人、音楽を好み、唱歌を喜び、伴《とも》を結び舟を蕩《うごか》して、中流に遊ぶ、水調一声、響き海雲を遏《とど》めて瀏《りゅう》湸《りよう》たり（音がさえわたって雲の動きをさえとどめるようだ）、旅客の来るもの、相楽しみて帰るを忘るるとなん」

文明視察の総仕上げ、ウイーン万国博覧会

一行はその後、汽車でアルプス山脈東側を迂回《うかい》しながら、六月三日、オーストリアの首都ウイーンを訪れます。当時オーストリアは、ハンガリアとの変則的な二重帝国で、人口は三五〇〇万に及び、一方の雄国でありました。ウイーンは千年の歴史を持つハプスブルグ王朝の華麗なる名都であり、人口八三万の典雅にして貴族的な雰囲気を持った街でした。久米は「その繁盛なること、ベルリンに匹敵し、その壮麗なることパリに亜《あ》す」と書いています。

使節団は、皇帝フランシス・ジョセフに謁見し、たまたま開催されていた万国博覧会を見物することになります。その会場はドナウ川の中州の広大なプラター公園にあり、鉄とガラスの大建築をつくり、世界各国から物産を集めて展示しました。その建築は直径八〇メートル、高さ九〇メートルにも達する巨大な円堂を中心にして、その左右に幅二五メー

トル、長さ一〇〇〇メートルに及ぶ大回廊を設けて来場者の度肝をぬきました。

会場内には、お国ぶりを表わしてそれぞれに趣向をこらした建築が建ち並び、各国ご自慢の産物、機械、製品が陳列され、趣向をこらした茶店、酒店、遊楽の会場もあって、連日通っても飽きることがありません。

久米はこの盛事に巡り合えたことを喜んで「宛《えん》として地球上を縮めて、この一苑に入れたる思いをなす」と言っています。

それは世界各国の何億という人々が、その精神を込めて丹念に制作した品々を一堂に集めたものといってよく、「珍ならざるなし、奇ならざるはなし」と休む暇も惜しんで、目を皿のようにして見てまわることになります。

米欧各都市を一年半にわたって実地に回覧してきた一行にとって、この博覧会の見物は絶好の機会だったといってよく、回覧の総仕上げをしたも同然でした。旅で訪れることのできなかった国や都市の物産も見物でき、中小工場や工房の製品や作品も見ることができました。久米はこの好運に感謝してこう書いています。

「幸《さいわい》にオーストリアに万国博覧会を開くに逢い、その場に観《み》て、昨日の目撃を再検し、未見の諸工産を実閲したるは、この紀行を結ぶに、大いに力を得たり」と。

スイスを最後に、帰国の途へ

そのあと一行はミュンヘン経由で六月十九日スイスに入ります。

スイスは人口二六五万、ベルンは人口三万六〇〇〇の小さな首都でした。スイス政府は一行を迎えて、

「当国は他国のような贅沢《ぜいたく》な接待はできませんが、幸いルツェルンで登山鉄道が開通するので、その開通の祝賀会にご列席いただければ幸いです」と言います。

使節はその招待を受け、出発します。その日は素晴らしい好天に恵まれ、ツーン湖、インターラーケン、ルンゲルン湖を遊覧し、その夜はサルネンという村の小さなホテルで一泊します。

村民は提灯《ちょうちん》をつけ、音楽を奏して歓迎してくれました。翌朝早くルツェルンに向かい、湖水を船で渡ってフィッナウまで行き、ここから登山鉄道に乗ってアルプスの展望台といわれたリギ山に登るのです。そこはすでに大きなホテルもできていて、大統領らと合流し祝賀会に出席することになります。

こうして一行は、この小さな山国が山水の美を資源として他国からも客を集め、ホテル、レストラン、馬車、遊覧船、登山鉄道までも設けて、観光を業《なりわい》として成り立たせていることを知るのです。

また、その間に一行は学校、博物館などを訪れ、ウイリアムテルの肖像や獅子のレリーフなどに感銘を受けています。そしてスイスのような小国がなぜ、独立を維持しているのかに思いを馳《は》せます。

とりわけ久米は、その自主独立の精神に共鳴してこう書いています。

「外国侵入の防御は、国中みな奮《ふる》うて死力を尽くすこと、火を防ぐが如し、家家にみな兵を講じ、一銃一戎衣《いちじゅうい》（戦時中の衣）を備えざるなし、（中略）隣国より来たり侵《おか》すときは、民みな兵となり、（中略）婦人は軍糧を弁し、創傷を扶《たす》け、人々死に至るも、他よりその権利を屈せらるるを恥ず、故にその国小なりといえども、大国の間に介し、強兵の誉《ほま》れ高く、他国よりあえて之を屈するなし」

その後一行はいったんベルンに戻り、ローザンヌからはレマン湖を船で渡り、ジュネー

〈ウイーン万国博覧会〉

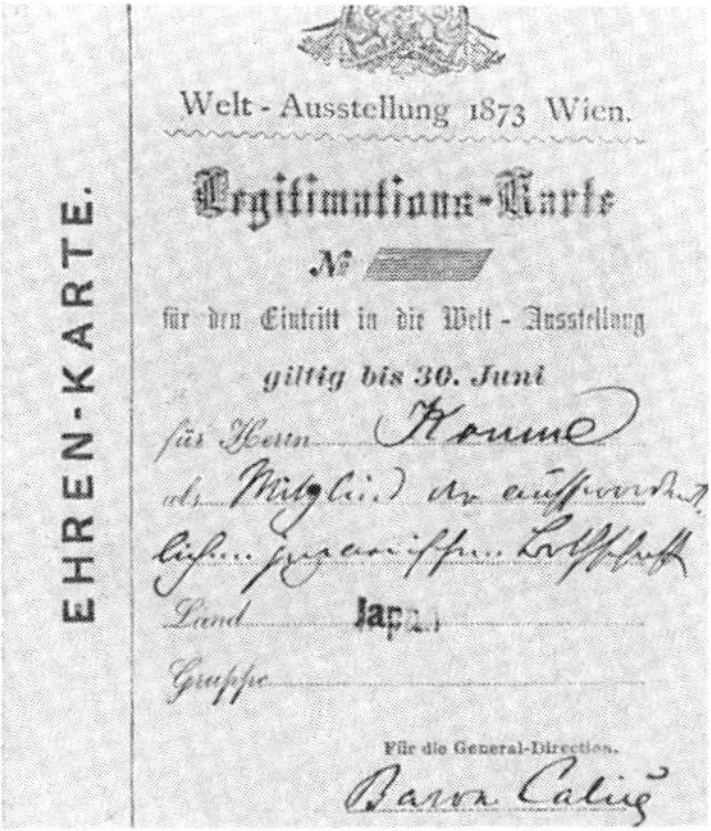
EHREN-KARTE.

Welt-Ausstellung 1873 Wien.

Legitimations-Karte

№

für den Eintritt in die Welt-Ausstellung

giltig bis 30. Juni

für Herrn

als

Land　Japan

Gruppe

Für die General-Direction.

写真提供／久米美術館

ウイーン万博の日本館には、茶室、神社、日本庭園、石燈《いしどう》籠《ろう》などが見える。上は久米に対し交付された入場パス

ブに到着します。この街は人口四万七〇〇〇、外国人を合わせると六万八〇〇〇という国際都市でありました。使節団はホテル・ベルグに泊まって寺院、博物館、パテックの時計工場などを見学しますが、七月九日になって本国から帰国命令がきます。

留守政府では、ついに井上馨《かおる》、江藤新平の衝突が破裂して、行政の要ともいうべき井上と渋沢栄一が大蔵省を飛び出してしまうからです。使節団は本来なら、あとスペインとポルトガルを訪問する予定だったのですが、それを取りやめて、帰国することに決します。

ジュネーブ側は十日、市をあげて歓送の会を開いてくれました。湖上に船を浮かべ楽隊を乗せ「府中の官吏豪商共にするもの三、四十名」でレマン湖を周遊します。「船室には茶酒果を供し、飲すべし、喫すべし、船尾には楽声瀏亮《りゅうりょう》として、風に飄《ひるがえ》り湖に響き、飄飄乎《ひょうひょうこ》として羽化登仙《うかとうせん》（人間に羽が生《は》えて天に昇ること）の思いあり」

すでに帰国を決めており、この街が最後だという思いもあったでありましょう。長かった旅を回想しながらの船上の宴は、感慨ひとしおのものがあったにちがいありません。

船が再びジュネーブに帰りつく頃、夜の帳《とばり》は降りて、そこへ花火がさかんに打ち上げられました。久米はスイスの人々の心のこもった歓待ぶりにいたく感激して、こう書いてい

〈年表②〉岩倉使節団、出航から帰国までの632日

1871（明治4年）	11月12日（陽暦12月23日）、総勢百余名で、横浜出航。
	12月6日（1872年1月15日）、サンフランシスコ着。
	12月14日（1月23日）、歓迎会で伊藤が英語でスピーチ（日の丸演説）。
1872（明治5年）	1月21日（2月29日）、大陸横断鉄道でワシントン着。
	2月3日、条約改正交渉を開始。
	2月12日、大久保・伊藤、緊急帰国（日本着3月24日）。
	6月17日、大久保・伊藤、ワシントン帰着（日本発、5月17日）。
	7月3日（8月6日）、ボストンを発つ。
	7月13日、リバプールに入港。翌朝、ロンドン着。女王避暑中のため謁見延期。この間、諸機関、諸施設見学。
	8月27日、パークスの案内でスコットランドへ。グラスゴー、エジンバラ、ニューカッスルなどを巡る。
	11月5日（12月5日）、ヴィクトリア女王と謁見。
	11月16日（12月16日）、ロンドンを発ち、フランスへ。
1873（明治6年）	2月17日、パリを発ち、ベルギーへ。
	3月9日、エッセン経由の後、ベルリン着。
	3月15日、ビスマルクの招宴に臨む。
	3月28日、大久保利通、帰国の途へ（横浜着、5月26日）。
	3月30日、ロシアの首都・サンクト・ペテルブルグ着。
	4月16日、木戸孝允、帰国の途へ（横浜着、7月23日）。
	4月24日、デンマークを経由し、スウェーデン着。
	5月9日、アルプスを越えてイタリアに入り、フィレンツェ着。この後ローマ、ナポリ、ヴェネツィアへ。
	6月3日、ウイーン着。折りしも万国博覧会開催中。
	6月29日、スイス国内巡遊の末、ジュネーブ着。
	7月9日、日本政府により帰国命令の電信着く。スペイン、ポルトガル訪問の予定中止。
	7月20日、マルセイユ発。
	9月13日、アジア各地寄港の後、横浜港に帰着。

ます。

「ゼネーヴァ（ジュネーブ）に至れば、府中より岸上に烟火《えんか》（花火）を挙げて待つ、この夜月色晴朗にして、水天一色なり。船には楽声空に響き、岸上には五彩の烟火、星乱れて龍闘し、両岸に市人蟻集《ぎしゅう》し（群がり集まり）、我輩の上岸（上陸）を祝する声はしばらく静まらず。前後の遊宴中にて、この行ことに真率《しんそつ》愉快なるを覚えたり」

こうして一行は七月十五日ジュネーブを発《た》ち、途中リヨンに二泊して絹織物工場などを見学し、十八日にマルセーユに着きます。そしてドーバー海峡を渡ってから実に七カ月余に及んだ欧州大陸の旅を終えることになるのです。

あらためて思い知るアジアの現実

使節一行は、七月二十日、フランス郵船のアウア号に乗ってマルセーユを発《た》ちます。そしてナポリに寄港したあと、メッシーナ海峡を抜け、地中海に出ます。そして要害の地、マルタ島をよぎっていきます。

マルタ島はもともとイタリア領でしたが、ナポレオンの時フランスの手に落ち、その後ワーテルローの戦いで英国のものとなりました。当時英国はここに砲台を築いて四〇〇〇の兵を駐屯させ、軍艦を配備して監視の目を光らせていたのです。

その後、ポートサイドに寄港した一行は上陸して街を見物します。ここは現地人と欧州人の居住区が完全に分かれていて、欧州人の区域は庭園を設け、清掃も行き届き、快適にできているのに対して、現地人の住むところは住居はみな狭く汚なく、いかにも粗末でまことに対照的でした。四阿《あずまや》で休めば法外な金を取り、その前の長屋ではレースの帳《とばり》ひとつ向こうにベッドがあって、春をひさいでいるのです。

翌日はいよいよ名高いスエズ運河を航行します。この一六〇キロに及ぶ水路は、フランス人レセップスの不退転の意志と不屈の忍耐力で完成したものです。一五年の歳月と八〇〇〇万ドルを費やしたという世紀の大工事は、一行に大きな感銘を与えました。

八月一日、船はマンデブ海峡を通り抜け、アデンに寄港します。ここはアラビア半島の南端に位置する良港で、戦略的に重要地点であるところから、英国がその一角を占拠し、郵船の駅の役目を果たさせ、二〇〇〇の兵隊を置き、航行ににらみをきかせていたのです。久米はこう書いています。

「海浜《かいひん》の埠頭《ふとう》は、赤岩嶄嶄《ざんざん》として聳《そび》え、前に一条の砂場を匝《めぐら》す、ここに廨舎《ながや》、旅館、憩亭《けいてい》、駅館を建て、わずかの人家、および土人の破村、茅舎《ぼうしゃ》あるのみ」

草木もなく用水もなく、ただあるのは赤磐と砂漠の炎熱の地に、英国人は砲台をつくり燈台を築き、兵を駐屯させて利を守っている。その遠大な着想と不抜の実行力に、あらためて大英帝国の気迫を感じ取ったでありましょう。

船は広大なインド洋を渡ってセイロンのゴールに達します。コロンボが開発されるまで、この南端にあるゴールが航路の要衝をなしていたのです。一行は上陸してホテル・オリエンタルに宿泊し、荷の積み卸《おろ》しをする二日間、街や近郊を見学しています。スエズ以来、禿山《はげやま》や砂漠のような渇《かわ》ききった風土を旅してきた一行にとって、ここは緑したたる目の覚めるような光景だったらしく、「真に極楽界ともいうべし」と久米は書いています。

しかし、この島国もまさに欧米列強の餌食《えじき》の歴史でした。最初ポルトガル人がやってきて海浜の地を占領し、次にオランダ人が取って代わり、ここに砦《とりで》をつくります。そしてそのあとにやってきたのが英国人で、いまやセイロンは、全島英国政府の派遣した総督の支配下にあるのでした。

　この港でアウア号は、カルカッタから来たというアヘンを積んで出航します。奇《く》しくも悪名高き英国の、アヘン三角貿易の現場に立ち会うことになったのです。

　そして船はマラッカ海峡にさしかかります。当時インドネシアはオランダの植民地になっていましたが、スマトラ島の一部では、それに反抗して争いが起きていました。一行の船にはオランダの大将父子と属官が同船しており、その戦争に向かうところだったのです。

　これは後でわかったことですが、オランダは悪どい手口で島民を騙《だま》し討ちにしていたといい、使節団は未開地での欧米諸国のやりくちの一端を垣間《かいま》見たことになります。

　船はさらにシンガポールに寄港しますが、ここはコレラが流行しているとのことで上陸をあきらめています。当時のシンガポールは人口一〇万、すでに英国の重要な中継拠点になっていました。その後、船は東シナ海を北上し、メコン河を遡《さかのぼ》ってフランスの植民地になっていたサイゴンに寄港します。

　久米はアジアの旅を通じて、感想をこのように述べています。

「弱の肉は、強の食。欧州人遠航の業起こりしより、熱帯の弱国、みなその争い喰うところとなりて、その豊饒《ほうじょう》の物産を、本州に輸入す。その始めスペイン、ポルトガル、及びオランダの三国、まずその利を専《もっぱ》らにせしに、土人を遇する暴慢惨酷《ぼうまんざんこく》にして、いやしくも得るにありしを以て、反側《はんそく》(反乱)しばしば生じ、すでに得てまた失い、英人よってその轍《てつ》を避け、寛容を旨とし、先んずるに教育を以てし、招撫《しょうぶ》柔遠の方を以て、今日の盛大をいたせり」

弱肉強食を地でいくような欧州人の仕業を分析し、そして英国人がそこから教訓を引きだして間接統治の法を編み出し、成功していることを伝えているのです。

船はそのあと香港に寄り、さらには中国第一の港・上海《シャンハイ》に入ってきます。揚子江の支流・黄浦江を遡《さかのぼ》り、九月二日、ようやく欧州人の前進基地ともいうべき上海に到着するのです。当時の上海の河岸地帯は、すでに欧州の国旗がはためく租界《そかい》をなしており、西洋風の建物が建ち並んで一見欧州の街かと思わせるものがありました。

四日、一行はアメリカ船のゴルテンエン号に乗船して、いよいよ故国に向かうことになります。

一年九カ月ぶりに目にする祖国の山と海

一行は九月六日、長崎近海に達します。久米は記します。

「港口大小の島嶼《とうしょ》（島々）、みな秀麗なる山にてなり、遠近の峰々、みな峻抜なり。船走れば、島嶼は流るる如く、転瞬の間に種々の変化をなす。真に瓊浦《けいほ》の美称に負《そむ》かず。シンガポール、香港島嶼の景も、はるかに及ぶことあたわず。世界にて屈指の勝景地なり」

一年九カ月ぶりに見る日本の風光は実に美しかった。南の島々、セイロン、シンガポール、香港も美しいと思ったけれど、とてもその比ではなかった。

船はいったん長崎に寄港したあと玄界灘を抜けて瀬戸内海に入っていきます。芸備海峡にさしかかり、朝五時、アメリカ人の船長は「世界の絶景ですから起き出《いで》てご覧あれ！」と船客に呼びかけたそうです。

九月十三日、船はマルセーユを発ってから五十五日目にようやく横浜に到着します。まるで国内の評価を反映するかのように、二年前の華やかな出航風景とは対照的な侘しい出迎えぶりだったといいます。

第三章　「この国のかたち」を探《さぐ》り求めて

——彼らは、何をどう観察し、どう考えたか

(1) 列国の力の脅威をどう読んだか

アメリカにおける友好的気分

明治維新も岩倉使節団の派遣も、つきつめていえば、「黒船」に象徴される西洋列強の軍事力からいかにして「日本の独立」を確保するかという至上命題から始まったことでした。ですから各国の軍事力やそれぞれの国の外交関係は、使節団が最も切実な関心を抱いていた点であったにちがいありません。日本が欧米列強の植民地政策の餌食《えじき》にならないためにはどうしたらいいか、そのための方策を探り出す必要があったからです。

事実、隣の中国は阿片戦争に敗れて、イギリスに蚕食《さんしょく》されてしまっています。他のアジア諸国にしても同様です。日本が地理的に極東の一番端に位置したことが幸いして、それまでは列強の毒牙《どくが》にかからなくてすんでいますが、いつその標的にされるかわからないという恐怖は常にあったのです。

その点で、まず最初の訪問国アメリカは、どうだったのでしょうか。

そもそもペリーが来て、日本に開国を迫った最大の動機は、捕鯨船、および中国と交易するための船舶の薪水《しんすい》の補給でした。とりわけ当時のアメリカは、大陸横断鉄道の工事のために労働力を必要としていました。西海岸の場合、アフリカから黒人奴隷を連れて来るより中国人のクーリーを連れて来るほうが得策であり、それを中国から運ぶには、日本で石炭や水を補給しなければなりません。そのためには日本に港を開かせる必要があり、その上で日本と貿易ができればなお結構ということだったでありましょう。

使節団が訪れた一八七一、七二年といえば、アメリカは南北戦争が終わってまだ五年ほどしか経っていません。アメリカにとっては国内に未開拓の土地がいくらでもあり、経済発展の余地もあります。ですから日本にまで食指を伸ばそうという気も余力もなかったと思います。あの大歓迎の背景も、貿易への関心と歴史あるエキゾチックな国への憧れが主であり、当時の日米関係はいわば初々《ういうい》しいナイーブな関係で、利害の衝突を生むような要素はまだ見られませんでした。

次に英国ですが、この国もヨーロッパ大陸から海峡を隔てた島国だけに他国から干渉を受ける度合いが小さく、関心はもっぱら海外植民地の確保に向いていました。しかし、それも貿易の利益が主であり、アジアには大きな中国があり、極東の日本の場合は、いかにも遠くしかも歴史のあるサムライの国でありましたから、露骨なことはできない状況だったといえましょう。

ビスマルクとモルトケの厳しい現実認識

ところがヨーロッパ大陸に渡ると、国際関係はにわかに緊張感を覚えます。陸続きの国々がひしめいているだけに、その間の争いが激しく、ビスマルクの演説に見られるような状況が現実だったからです。こうしてアメリカの対応が「世界交際」の明るい表の面だとすれば、その裏側の実態を使節団に教えたのは欧州各国であり、とりわけビスマルクだったといえるでしょう。そして帰路の中東、アジアでは、その欧州列強の弱肉強食ぶりを目撃することになりました。

久米は、各国政府がしきりに軍備のことを重視し、使節団にそれを誇示したがるとして、こう書いています。

「これ政府の務《つとめ》とすることは、ほとんど国威をはり、軍備を振るうを、主要とせるものの如し。いわんや欧陸の列国に至れば、全国の丁壮《ていそう》（壮年の男子）を蒐《しゅう》集《しゅう》して兵となし、国中に屯営羅布《らふ》（あまねくゆきわたらせること）す。これを聞く米国の紳士、欧陸に遊び、各国無用の民膏《みんこう》を吸い、有為の民力を廃し、凶器を執り、栩然《きゅうぜん》羅立せしむるを笑えりと、それ兵は凶器なり、戦いは危事なり、殺伐《さつばつ》を嗜《たしな》み、生命を軽んずるは、野蛮の野蛮たるところにて、これをサヴェージといい、これをバルバリーといい、文明の君子深く憎む所なり」

米国の紳士が欧州の軍備競争を見て、野蛮のきわみと批判しているというのです。

しかし、その米国にも兵はあり、島国で最も常備兵が少ないという英国にも軍備はあるのであって、そこには二つの側面があると久米は書いてます。「野蛮の武を好むは、自国相闘うにあり。文明国の兵を講ずるは、外寇《がいこう》（外敵の侵入）を防御するにあり」と。

そして野蛮の軍備については「自国相和協せず、民を凶器の下に威服するは、文明の点をさること遠し」とし、文明の軍備については「全国の財産を防護するにおいては、軍備の壮なるにあらざれば、外寇を攘《はら》い難《がた》し。列国相持し、大小形を異にし、強弱互いに相制する日にあたり、国を防護するの兵は、常に廃すること能《あた》わず、これ文明国の常備兵ある所なり」と述べています。

久米はこのあたりの状況を証明するために、有名な戦略家・モルトケの議会における演説を引いています。

「法律、正義、自由の理は、国内を保護するに足れども、境外（国境の外）を保護するは、兵力にあらざれば不可なり。万国公法も、ただ国力の強弱に関す、局外中立して、公法のみこれ循守《じゅんしゅ》するは小国のことなり。大国に至りては、国力（軍事力）を以て、その権理を達せざるべからず」

そして「いまそれ兵備の費を惜しみ、平和の事に充《あて》るは、誰か之を欲せざらん」。つまり、軍事費など削って平和の事に金を使いたい、だれもがそう思う。しかし「一旦戦《いくさ》起これば、多年倹勤せる貯蓄は、倏忽《しゅっこつ》の間に蕩尽《とうじん》するにあらずや」、いったん戦が起これば倹約して一生懸命貯めた貯蓄は、あっというまに消えてなくなる。「ナポレオンが、わが兵の寡《すくな》く、軍費の乏しきに乗じて、この貧小のプロシャより、一億弗《ドル》の償金を奪ひたり」、つまりナポレオンがドイツの軍事力が貧弱なのに乗じて、一億ドルの賠償金を奪ったことに怨《うらみ》を抱いていたのです。

だから「これ自国を衛《まも》る費を節約し、十倍を以て他国の兵備に資《し》せるなり、方今国内、士気を培養鼓舞して、人心一和し、教化の美なるにより、堅牢《けんろう》なる基をなしたれども、ただ境外を顧れば、果たしていかんぞや。太平の兆《きざし》を卜《ぼく》し、常備兵を解かんことは、後世に希望するところにて、もとより当今に行なうべきにあらず。まず兵備を厳にし、武力を以て欧州の太平を護するを専要とす」と。

つまり平和的な考え方は結構だが、現状はまだまだそうは行かない。とにかく自力で敵から守らないと、だれも守ってはくれないという論理なのです。

そして欧州の小国群、すなわちベルギー、オランダ、デンマーク、スウェーデン、スイスなどが、大国の間にあってしっかり独立を維持していることは、岩倉使節団にとって大変な励みになったでありましょう。それは植民地となってしまったアジアの弱小諸国との対比において、特に鮮明な印象を与えたものと思われます。

さて問題はロシアでありました。日本列島に直《じか》に接している欧州の大国といえばロシアでしたから、幕末からいちばん関心が高かったといっていいでしょう。とりわけ長州と肥前は目の前にその脅威を感じていました。

しかしサンクト・ペテルブルグまで行ってみると、ロシアはけっして世界の最強国ではないと知ります。長い旅を通じて使節団は、国力というのは軍事力だけでなく、国民の民度や経済力に拠《よ》るところが大きいと認識します。その点からみると「ロシアは最も開化の遅れた国」であり、皇帝や貴族だけが繁華奢侈《しゃし》を亨受していて、一般の人民は極めて貧しく奴隷のような生活をしていることを知るのです。

こうして総体的にいえば、使節団はこの長い米欧亜回覧の旅を通じて、日本への差し迫った侵略の危険はないと思ったのではないでしょうか。最強の英仏にしても後進の米独にしても貿易の利を求めてはいてもそれ以上ではなく、最も恐れたロシアも開化の遅れた状態からして、当面それほど恐怖する相手でもないという感触だったのではないかと思います。そして世界各地で大歓迎をされ、貿易の利益というものを実感することによって、久米の言葉を借りると「世界交際の和気《わき》」のありがたさを、むしろ痛感したのではないかと思われるのです。

(2) 明治日本の「国体」をどう定めるか

共和制か君主制か、はたまた君民共治か

当時の日本のトップリーダーに課せられたいちばん大きなテーマは、国のかたちをどう決めるかということだったでありましょう。共和制にするのか、君主制にするのか、はたまた立憲君主制にするのか。

なにしろ徳川幕府を倒して数年、日本の将来の青写真はまだ混沌《こんとん》としていた時期です。とりあえず天皇を戴《いただ》き錦《にしき》の御旗の下に結集して革命をやり遂げてきたのですが、さてそのあとにどのような制度を確立したらいいかまでは、わかっていませんでした。使節団の旅も、そのための設計図を描くのが第一の目的だったといっていいでしょう。

そこで使節団はアメリカ、イギリス、フランス、ドイツと行く先々でお手本探しをして歩きます。まずアメリカで共和制を見ます。

旅行の前から使節団にはある程度の予備知識がありました。幕末の使節に随行した勝海舟や福沢諭吉が、アメリカの共和制を見てたいへん感心したことはご承知のとおりです。

勝は門閥というものがなくて人材が登用されている社会を評価していますし、福沢は、ワシントンの子孫のことを聞いても誰も知らないことに驚いています。

また熊本に横井小楠《よこいしょうなん》という思想家がいました。海舟は小楠のことを「その高調子なとは梯子《はしご》をかけても届かない」と言っていますが、坂本竜馬も西郷隆盛も大いに影響を受けた人物です。その小楠がアメリカの民主主義はひょっとすると理想の政治体制ではないかと言っています。古代中国の理想社会を「堯舜《ぎょうしゅん》の世」と言って憧れましたが、ワシントンは堯・舜みたいな人かもしれないという見方までしていました。

さて、一行は実際にアメリカを見てどう思ったかといいますと、久米はこんなふうに書いています。

もともとアメリカという国は、欧州の中でもとりわけ自主独立の精神に富んだ人たちが集まってできた国である。ここには王様もいなければ、法王のような存在もない、移民してきた人々がみんなで政府をつくるしかなかった。だから合衆の制をもって一個の民主国となった。まず市民というものがあり、村ができ、郡ができ、州ができ、連邦政府ができた。つまり、下から積み重なって出来上がった自主の民主主義だというわけです。

共和という思想は、ヨーロッパでもよく議論はされるけれども、現実にはいろいろの過去のしがらみがあって実現はむずかしい。欧州には歴史があるし、それぞれの権力者、富める者がしっかりとエスタブリッシュメントをつくっていて、それを引っ繰り返すのは容易なことではない。フランス革命はそれをやったわけだが、また揺り戻しがきて何回も体制が変わるくらい一筋縄ではいかない。

その点、米国はほとんど無人の野に等しい場所で、旧体制の束縛が何もなく「純粋の自主民が集まり真の共和国をなすことができたのだ」と。

アメリカ、フランス共和制のマイナス点

一方、共和制のマイナス面も、ちゃんと見ています。

たとえば「議員を選挙で選び法律をみんなで議決する」のは、たいへん公平のように見えるけれど、「上下院の選士みな、最上の才俊をみつけることは、とうてい得べからず」で、上下院の議員が皆、最上の人材が選ばれてくるとはとても考えられない。「卓越した見識、とか十年、二十年、百年先を見通すような遠識」は、とても一般の人たち、つまり凡人の目には感ずるところはないので、「いろいろ異論が沸騰して最終的に多数決で決めると、だいたい良策は通らない。目先の議論、自分たちの利益になるようなことに決する

ことが多い」と、共和制の短所について書いています。

そして米国の民は、こういう政治の中で一〇〇年を経た。だからいまでは小さな子どもも君主を戴くのを恥じて、それが習慣となって民主主義の弊害を知らない。そのいいところばかりを愛して、わが民主主義が最高なんだから、世界に民主主義を広げようとしている。反論してもちっとも聞く耳を持たない。まさに「純乎《じゅんこ》たる共和国の生霊《いきりょう》である」と言っています。

さらには、この国は人を見るのにみんな平等だという思いがある。人に接するにもみなフランクで、親しみやすくて結構である。しかし弊害を言えば、官の権威、つまりリーダー、上に立つ人の権威が薄くなる。そして人々は、自分の権利ばかりを主張し、賄賂《わいろ》が役人の間に横行する。たとえば、ニューヨークなどのビジネス都市ではとくに富豪・財界の力が大きい。だから政権もほとんどその勢力に圧せられてしまっている。

さて次にフランスの共和制ですが、こちらは思想的には元祖ですが、この国は血腥《ちなまぐさ》い革命をやり遂げて共和制になったのだけれど、先ほども述べたとおり、その後、帝政と共和制の間を六回も往き来している。一行が訪問したときはたまたま共和制でしたが、歴史のある国ではなかなか共和制の定着には問題があると観察しています。

さて、三つ目の共和国、スイスはというと、ここはアメリカと似た意味で純粋な共和制の国でした。しかしいかにもサイズが小さいから可能なので、そういう意味ではどうも日本のお手本にはちょっとという思いがあったようです。

イギリスとドイツの君主制をみる

さて、次に君主制ですが、訪問した一二カ国中、九カ国がなんらかの形で君主制でした。

まず英国ですが、ここには女王がいて貴族がいてしかも議会がある、ちょっと複雑な組織になっています。たとえばウェストミンスターに行くとちゃんと議会があり議員がいる。シティーへ行くと実業家や金融家が勢力を持って差配している。ところがロンドンを離れて、田舎へ行ってみると、貴族は田舎に広大な土地を持っていて封建領主のような生活をしている、夏の間だけ田舎にいて、あとはロンドンの館に住んで政治をやっている。

どうもイギリスの政治は王政のようでもあり、貴族制のようでもあり、議会制のようでもあり、ちょっとわかりにくいところがあります。

しかもイギリスは憲法がきちんとしているわけではなく、コモンローの慣習法の国です。法律の面でもやはり、わかりにくいということがありました。

ところが同じ君主制でも、ドイツへ行ってみると、かなり事情が違う。皇帝の権力が強く、行政の権は皇帝および執政官であるビスマルクが握っている。皇帝は外交と軍の権利を持ち、宰相も任命しています。だから帝国議会というものがあって立法機関の役目をしているのですが、民意を反映させることはできても最終決定権はありません。

ドイツの場合、長い間プロシャ、バイエルン、ザクセンなどの諸侯が相競《きそ》って分裂状態にあったものが、一八七一年に統一されたばかりでした。日本で言えば薩摩や長州などの各藩が乱立する中で、薩長が抜きん出て、その主導で統一がなされたのと似ています。統一ドイツの皇帝にはプロイセン王のウイルヘルム一世が就き、プロイセンの首相であったビスマルクが、ドイツ全体の宰相となるのです。

またベルリンには長州からの留学生の青木周蔵《あおきしゅうぞう》がいて、政治学の勉強をしていたため、木戸、大久保らは、この水先案内人からドイツの政治制度の講義を受け、憲法についても英国よりわかりやすい形で制定されていることを知ります。使節一行としては、ドイツには歴史的な意味でも日本との共通点を感じたようです。

岩倉、大久保、木戸にとってみれば、天皇を戴《いただ》いて維新をやり遂げて来たことではありますし、米仏を見ても完全な共和制というのは違和感があり、英国はもうひとつわかりにくく、ドイツあたりが手本としては手頃かなという感触があったでありましょう。

顧《かえり》みれば、明治政府というのは、数年前まで下級武士だったものが薩摩や長州から出てきて、いまや参議でござい、卿でございとやっているわけです。やはり後ろに天皇がいてもらわないと威光に欠けるという事情があったでしょう。天皇という権威があって、その錦の御旗の下にいるからこそ威令が行なわれるということもあったと思われます。その意味でドイツの君主制は、都合よく映ったかもしれません。

ドイツのあとも、使節団のお手本探しの旅は続きますが、ほかの君主国はあまり参考にならなかったようです。ロシアなどはまだ前時代的ともいうべき極端な帝政で、宗教とも一致していて、日本の現状と距離がありすぎます。オランダ、ベルギー、デンマークなどは国のサイズからしても小さくて物足りません。

国体については、帰国後に木戸と大久保が建言書を出しています。それはいずれも君民共治の政治を目指すものでした。つまりは立憲君主制で、憲法があって君主があるという形です。法治国家の基本法は憲法ですが、それにはいろいろな形があるのだということを学んだことになります。日本には長い歴史を持つ天皇という存在があることを、あらためて意識したでありましょう。そして天皇を戴く立憲君主制、そのあたりが落ち着きどころと考えたのではないでしょうか。

(3) 富強の基盤、産業と貿易のからくり

無一物の国、イギリスの富の秘密

使節一行がこの長い旅の中で終始一貫して関心を抱きつづけ、最も大きな収穫を得たものは、「国を富ます基《もと》は、すなわち産業と貿易である」という結論だったと思います。とりわけ国際貿易が、交通・通信機関の飛躍的発達によって革命的に増大し、厖大《ぼうだい》な利益を生むことになった事実を認識したといえます。

まず米国各地で予想外の大歓迎を受けた背景には、アメリカ人がいかに貿易に関心を寄せているかという事実があり、久米はそのことをこのように書いています。

「米欧の民は貿易を以て最要の務めとす。これ東洋の人の目して商国というところなり、しかれども民の大半は農に従事し、少半は工に従事し、商は百人中に五、六人にすぎず、ただその農たり工たるものまで熱心に物産の融通に注意し、都会の地は共同で、商旅商船をその地に輻湊《ふくそう》せしめんことを希《ねが》うは、東洋農国の夢にも想像しえざるものあり」

と、農業国と商業国の違いに感嘆しています。

そして英国においては、同じようなサイズの島国でありながら、なぜ、このような隔絶した繁栄を獲得したのか、その秘密を産業と貿易のからくりに見つけるのです。

先に「英国の旅」のところでも述べたように、英国はほとんど無一物の状態から出発してもっぱら交易によって利を得てきたのです。

もっとも久米は言及していませんが、その交易には大航海時代の掠奪《りゃくだつ》的貿易も含まれていて、あからさまにいえば海賊的行為で富を蓄積してきたのです。産業革命の源資もそこにあるのであって、その上で蒸気機関を発明し、地下から鉄と石炭を掘り出して紡織機械をつくり、他国から綿、毛、麻を輸入して織物に加工して輸出し、莫大な差益を生みました。次いで鉄鋼、蒸気船、蒸気機関車、諸兵器、諸機械を製作して世界中に販売したのです。

久米は、英国の富についてこう言っています。

「英国の富は、石炭と鉄とを以て、器械を運し、綿毛麻を紡織するを眼目とせり、それ羊毛は遠く豪州より輸入し、それ綿花は亜米利加《アメリカ》諸国より輸入し、それ麻は印度《インド》より輸入し、亜麻は露国《ロシア》より輸入す」

大久保利通も英国の回覧を終えたあと、親しい後輩の大山巌《おおやまいわお》宛てに、このような手紙を書いています。

「何方《いずかた》に参《まい》り候《そうろう》ても、地上に産する一物《いちもつ》もなし、ただ石炭と鉄とのみ、製作品はみな他国より輸入して、これを他国に輸出するもののみなり。製作場の盛んなる事は、曾《かつ》て伝聞する処より一層増《ま》さり、至るところ黒煙天に朝《ちょう》し、大小の製作場を設けざるなし、英の富強なる所以《ゆえん》を知るに足るなり」

そしてこれらの発展の主たる要因は、蒸気機関の発明によるところ大であるとして、蒸気船や蒸気車という交通機関の整備が貿易の拡大にもきわめて重要だと述べています。

電信・運輸機関の重要性に着目

欧州各国を回覧したあと、交通・通信機関はむろん、その関連施設の重要性について久米はこう書いています。

「電信線の発明にて、千里の間も頃刻《けいこく》に問答すべし、郵便の法備わりて、遠隔の地も数日に信書を取り換すべし、早飛脚の仕組にて、奴丁《ぬてい》を労せず、物を遠地に送致すべし、その他郵船あり、保険会社あり、領事館、銀行は、各国の港に派出し、生済の道において便宜《べんぎ》をはかる、一にして足らず、かくの如《ごと》くならざれば、今日の際に、富庶繁栄の国にならんことかたし」

つまり経済的な繁栄を築くには、一つのことではダメなのだ、関連する諸要因がすべて完備されることが必要だと強調しているのです。

そして日本人は、西洋の諸都市を見ることまるで星の世界のように思っているが、西洋の商人は世界を見ること、「一都市の如し」であると指摘しています。

そして欧州の旅を通じて、とくに港と河川交通の発達ぶりに感心して、世界交易によって国を富ましていくための心得を、熱っぽく説いています。

「世界産物の流通する状は、海路を経て要港に上り、逆流して陸地各処の工場に上り、その貨物は再び陸地の要都より海港に注輸す、百川の流入するが如く、動脈の注射するが如し、しかして海港の百貨は倒流を生じて、各地に向かうは、潮のすすむが如く、静脈の掃射するが如し、今より生意《せいい》(取り引き)をすすめ、国益を興すには、世界の地理形勢を深く観察せざるべからず」

そして久米の眼はアジアを視野に入れ、世界の交易地図を描いています。

「東西洋の航路は、ほとんど一万海里」として、「横浜より神戸、長崎に小停して、上海に赴き、香港に達す、支那南部と物産を交易すべし、シンガポールにて南洋熱帯の物産を交易すべし」と現在の商社マンにも通じる見解を展開しています。

さらに「今や操舟航海の業、年を逐《お》いて開け、貿易の道は、世界必要の務めたり、地理を講し、民俗を察する、最も物産に注意し、その原由を繹《たず》ね、進歩日新をはかるべからざるなり」と説くのです。

こうして久米は、国際的な商業、つまり貿易の利がひじょうに大きいことをしきりに論じています。大久保も、後の殖産興業策のところでそのことを強調していますが、他のメンバーも含め、一行にとって世界を一巡しての実地の勉強は、きわめて大きな成果を伴《ともな》ったものだったと思われるのです。

(4) 科学技術と実学の必要性

実学のアメリカと、花鳥風月の日本

アメリカを旅して一行が強く感じたことの一つは、科学的実学と普通教育の重要性でした。米国と日本とを比較して、歴史ははるかに日本が長く、土地ははるかにアメリカが大きい。人口はほとんど同じなのに、日本には「野に遺利あり、山に遺宝あり」で、一般人民が貧弱なのはなぜであろうか、思うにそれは「不教の民は使い難《がた》く、無能の民は用をなさず、不規則の事業は効をみず」で、いくら人口が多くても、目的もしっかり定まらず、教育もないようでは、富を増やすことはできないと理解したのです。

それに反してアメリカでは「みな熱心に宗教を信じ、盛んに小学を興し、高尚の学を後にして、普通の教育を務む」です。

なぜかといえば、移民や奴隷を勤勉にするには、宗教や実学を教えなければできない、そこでカリキュラムをきちんと組んで厳しく教育をする、それでこそ「民心みなその方向を一にして、富殖の源を培養するにより、国の興る勃如《ぼつじょ》たり」ということになるのです。

〈近代産業の精華〉

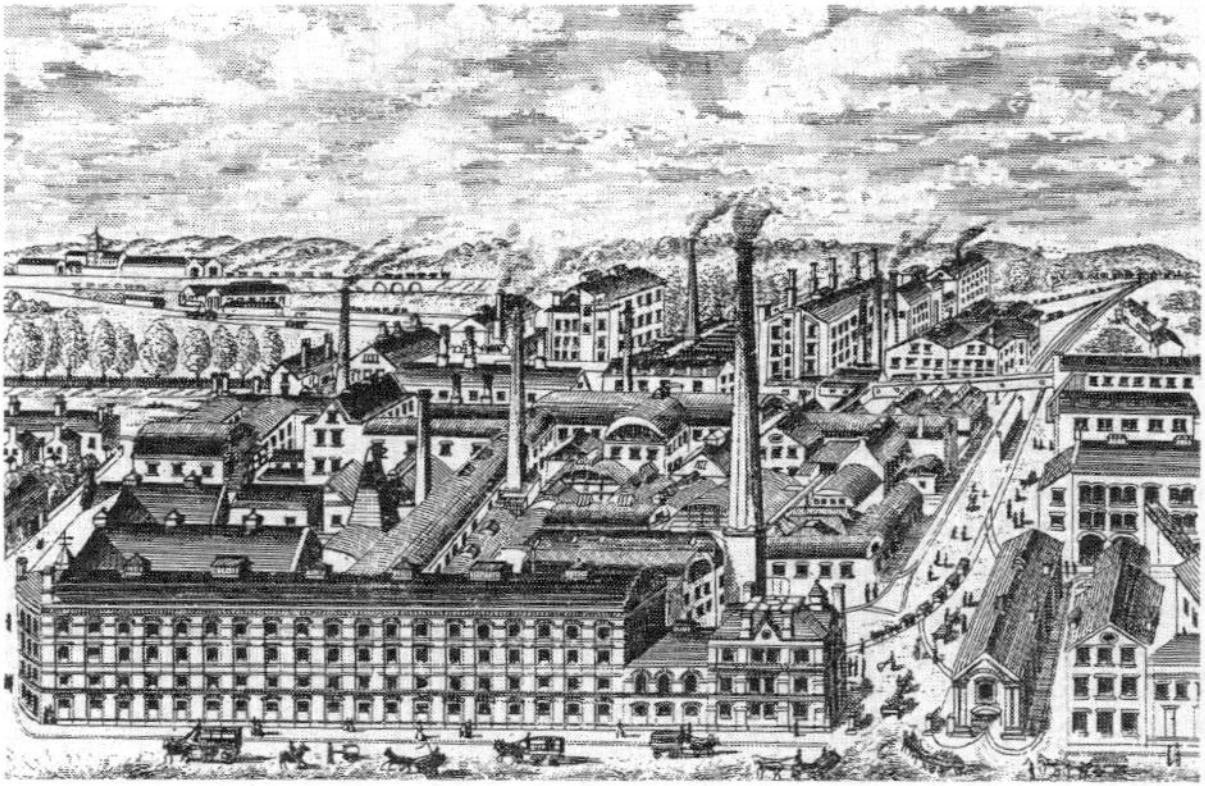

上はブラッセルのガラス工場、下はロンドン郊外のビスケット工場。数千人規模の大工場は一行を驚かせた

ところが日本ではどうか、「試みに、上等の人の学ぶ所を看よ、高尚の空理ならざれば、浮華の文芸のみ、民生切実の業は、些末の陋事《ろうじ》として、絶えて心を用いず」、つまり指導者となるべき者が四書五経に親しみ、万葉古今《まんようこきん》に耽溺《たんでき》し、実際に必要な実業については、いやしみ軽蔑して取り合わない。

また「中等の人は、守金奴《しゆきんど》とならざれば賭博流となり、絶えて財産を興し、不抜の業をたつる心なし」です。中等の連中は、貯金に夢中になったり賭博にうつつを抜かして、事業を興そうなどとは考えない。

「故に下流の賤民は、衣食僅《わずか》に足り、一日の命を偸《ぬす》み、呼吸するのみ」、だから下層の人民は飢えをしのいでやっと暮らせればそれでよしとしている、というわけです。これでは人間としての価値もなければ、人口が多くても富強になるわけがないという訳《わけ》です。

「東洋の沃土も、その人力を用ひざれば、国利は自然に興らず、収穫も自然に値を生ぜず、夢中に二千年を経過したり」

久米のこの嘆きは、使節一行にとっても共通した感想であったにちがいありません。

「夢中に二千年を経過したり」という言葉に、その思いがいかに深かったか、を想像するのです。

たとえばサンフランシスコに、ウッドワルドという公園があって、そこには植物園、動物園、博物館、図書館がありました。まずここを見学して発見したことは、陳列の仕方が日本と全然違うことです。同類のものがあったとしても日本では、ただ珍しいものを見せるだけのいわば見世物ですが、アメリカではそれを「捜羅討索《そうらとうさく》」して、虫や魚も孵化《ふか》するところから成虫・成魚になる過程まで研究し、類に分かち陳列しています。

ワシントンで勧農寮という農事試験場のようなところを視察していますが、そこでは博虫、分析、種園、種庫、書庫、本草、編集、用度という八つの課を設けて調査研究をしていました。

そして、たとえば穀肉、蔬菜《そさい》の場合、農産の性質、糞培品《ふんばいひん》の性質、あるいは醸造液の性質などについて調べ、さらにはその原理を利用して生産性をあげ、栽培・養殖にまで展開させていることを知るのです。それが理学であり、科学であり、実学なのです。

一方わが国では、なお「花鳥風月の世界」に安住していて、花を見れば和歌・俳句をつくり、鳥を見れば絵筆をとるという閑雅の境涯に遊泳しています。この格差の現実に気付いたとき一行は、ここの根本から始めなくてはどうしようもない、と痛感したでありましょう。久米はそのあたりの事情をこう要約しています。

「西洋人は有形の理学を勉《つと》む。東洋人は無形の理学に篤《あつ》くす。両洋国民の貧富を異にしたるは、もっともこの結集より生ずるを覚うなり」と。

しかし使節一行はけっして落胆ばかりはしていないのです。

久米は言っています。

「東洋の西洋に及ばざるは、才の劣るにあらず、知の鈍きにあらず、ただ済生《さいせい》の道に用意薄く、高尚の空理に日を送るによる」

「西洋の民は拙劣《せつれつ》不敏《ふびん》なり」

日本人は才能が劣るわけでもなければ頭が鈍いわけでもない、ただ実務を軽視し高尚な文芸にうつつを抜かしていたのがいけなかった、というわけです。なぜかといえば、「東洋の民、その手技によりて制作する産物は、高尚の風韻あり、警抜の経験を存し、西洋に珍重せらる、これ才優なり」で、日本の工芸品は高尚の風韻ありとして、西洋で大変な評価を受けているからです。

しかも日本人は「応対機敏に、営思活発にして、模擬の精神強く、当意即妙の智を具す、これ敏なり」で、機敏活発でとくに真似がうまく、機知にも富んでいてなかなか捨てたものではないぞ、というのです。

こうした自信の背景には、各地での視察から得た実感が裏打ちされていたと思われます。たとえばウエストポイントの兵学校へ行くと、訓練生に鉄砲を撃たせてみせます。ところが弾の当たりがよくない。どうもやつらは下手だな、不器用だな、われわれにやらせればもっとうまくやるのに、という感触です。英国の造船所や紡織工場へ行っても同様です。最初のうちは驚くばかりですが、いろいろ見ている間にだんだん事情が呑み込めてきて、才能や知力からするとけっして日本人が劣っているわけではない、むしろ優れているくらいだ、という印象を持つわけです。

そこで西洋人を分析してみるのですが、久米の表現ではこうなります。

「西洋の民は之に反し、営生の百事、皆屹々《きつきつ》として刻苦したる余りに、理、化、重の三学を開きその学術にもとづき、助力機械を工夫し、力を省き、力を集め、力を分かち、力を均《ひとし》くする術を用い、その拙劣不敏の才知を媒助《ばいじょ》し、その利用の功を積みて、今日の富強を致せり」

輝かしき近代文明の創造者、欧米人をして「拙劣不敏」などとはずいぶんな言い方ですが、当時の日本人には真面目にそう思う素地があったのかもしれません。あるいは、つい最近まで「赤夷《あかえびす》」などと称して野蛮人扱いしていた欧米人が、すごいものを発明し産業経済の大発展を遂げているのを見て、くやしまぎれに口走ったのでしょうか。

これを言い換えれば、われわれのほうが才智がある、彼らは拙劣不敏だからこそ科学技術が発達したのだ、ということになります。たしかに機械やマニュアルをつくれば、多少天性「拙劣不敏」でも、わずかな教育で、みんながそのとおりにできるようになります。だからそういうものを発明したんだという理屈です。

明治も後半になると、日本人はいよいよ劣等感にかられるようになりますが、幕末から明治初期にかけてのある時期には、サムライ的バックボーンがしっかりしていたせいでしょうか、中華文明の子としての余慶でしょうか、あまり後世のような劣等感は感じなかったのかもしれません。いずれにしろ、使節一行は、欧米の科学技術の素晴らしさを感得するとともに、これは是《ぜ》が非《ひ》でも学んでいかなくてはならぬと肝に銘じるのです。

(5) 欧米流男女交際と親子関係

一行を驚かせたアメリカの女尊男卑

アメリカに到着して一行が最も「奇怪」に覚えたことは「男女の交際」でした。たとえば夫婦の交際のありさまを見ていると、まるで日本で嫁が舅《しゅうと》や姑《しゅうとめ》に仕えるように、子が父母に仕えるように、夫が妻に仕えています。それが当時の日本人にはよほど不思議に見えたのです。

女尊男卑ともいうべきこの風習について、久米は具体的にこう言っています。男性は婦人に対し「燭《しょく》を執《と》り、履《り》を捧《ささ》げ、食饌《しょくせん》を饋《おく》り、衣装《いしょう》を払い」、馬車の乗り降りには助け、座るときは腰掛けを勧める。「少しく婦の怒りにあえば、愛を起こし、敬を起こし」、ご機嫌を損じた場合には「俯伏《ふふく》してこれを詫びて、なお聴かれず、室外に屏《しりぞ》けられ、食することも得ざることあり」。久米は実際にどこかのパーティ会場でそういう光景を目撃したらしく、男性がひら謝りに謝って許されず、室外に追い出されて食事もできないことがあった、と書いています。

男女が船や車に一緒に乗るときには、男性のほうが立って席を譲り、婦人はお辞儀《じぎ》もしないでその席に座る。それをごく当たり前のこととしている。本来なら女人禁制であるはずと思われたアナポリスの海軍学校やウエストポイントの陸軍学校でも、操練が終われば女子を招き入れ、「男女相携《たずさ》えて、舞踏をなし、歓楽を尽くす」です。

咸臨丸《かんりんまる》で渡米したときの福沢諭吉もこれには驚いたようで、『福翁自伝』でこう言っています。

「アメリカの男たちは、東洋では侍女のするような役目を果たし、逆に女たちは饗宴《きょうえん》の食卓でも上座について賓客《ひんきゃく》の接待にあたる。主人は末席に座って給仕役を務める作法になっている」と。

男女の風習について久米を最も驚かせたのは、ボストンの港で出くわした接吻《せっぷん》でした。これから一行がイギリスに向けて乗船しようとしたとき、同船する客とその見送りの相手が、彼らの面前で固く抱き合って接吻して離れないのです。

久米はたまりかねて思わず「公衆の面前にて、あまりに厚かましいではないか」と愚痴《ぐち》るのですが、西洋通の仲間が「いやいや、あれは日本の全権大使の前だからといって、特に念入りに小笠原《おがさわら》流の接吻を行なっているのだから、敬意を表して見てやるのが礼儀である」と茶化したそうです。

アメリカ流・親孝行とは

木戸孝允も、アメリカ人は婦人にはやたら親切なのに、老人には冷淡だと大変怪しんでいます。何かのパーティの席上でそのことを批判すると、そばにいたアメリカ人が「アメリカだって親子の情は同じで、現に昨日の新聞にこんな美談が載《の》っている」と話し出したといいます。

「ある父親が酒のために破産して、子どもらはてんでに働きに出た。そのうちの一人が辛抱強く働いて金を貯《た》め、ホテルを経営するまでに成功した。落ちぶれた父親がその子どものところへ訪ねてきたところ、息子は二階の上等の部屋に泊《と》めてご馳走をふるまい、三日間も父親を歓待して、帰り際には小遣い銭を渡し、宿代も飲食代も、一銭も取らなかった……」

「アメリカでは無代飲食が親孝行か」と、木戸は顔をしかめたというのです。

また別の機会に、ある老学者と同席した木戸は、こう聞かれます。

「一家のうちで最も愛する者は妻でしょう」

「ノー」

「しかしそうはいっても、これからヨーロッパを回って久しぶりに帰国したら、真っ先に無事を喜んで話をするのは妻でしょう」と老学者が重ねて尋ねる。

「いやいや、いかに恋着《れんちゃく》せる愛妻でも、日本ではまず父母の安否を問うて祝福し、しかるのちに妻に談話するのが作法である」と木戸は答えています。

木戸は幾松《いくまつ》という京の芸者と一緒になっていて、愛妻家として有名でした。ですから「いかに恋着せる愛妻でも」という言葉が出たのでしょうが、作法としては父母への挨拶が先だったのです。

老学者は大いに驚き、怪訝《けげん》な顔つきでしばらく考えた末、「そのような教えの国では、人が怠けて働かぬのではないか」と言ったといいます。

木戸はその夜「今日会った老学者の談論の様子から推《お》すと、文明開化とともに忠孝の道は危殆《きたい》に陥ると懸念《けねん》した」と記しています。

欧米流個人主義の行き着くところ

保守頑固党の領袖《りょうしゅう》と呼ばれた司法大輔《たいふ》の佐々木高行も、「怪しむことは親子の交際なり。いたって疎《そ》と言えり。かえって外国人へは交際厚く、朋友の情義は尊ぶと見えたり」と、日記に書いています。

外国人や友だちにはずいぶん交際が厚い、朋友の情義はひじょうに尊ぶように見える、しかし、「返す返すも親子の情薄きというは、大いに迷うところなり」という印象なのです。そこで佐々木は懸命に考え、分析したのでしょう、欧米の個人主義についてこういう解釈をしています。

「欧米各国にては、親子とも独立して、親は老いても若きときの働き蓄《たくわ》えたる財をもって老後を安楽に暮らして子孫の厄介《やっかい》にならず。子孫もまた、成人まで教育を受けたるうえは、親族の目上より厄介を受けぬという立て方（方針）にて、決して親子薄情疎遠になればにあらずといえども、右の教えよりして、その弊《へい》、親子の情薄く、かえって朋友などの交際厚くして、一身の事を計るに至るべし」

なかなか鋭い観察であり、核心を衝《つ》いた分析だと思われます。

さらに佐々木は、日本のこれまでのように、君臣・親子・夫婦の別が厳格なのも弊害があるとして、アメリカ的自由のよさも認めています。

封建の身分制度でがんじがらめになっていては国の発展は期待できない、アメリカのように、自主独立、自由競争で、身分などに関係なく、各人の働き次第でどうにでもなる実力主義の社会こそ素晴らしい、との思いは強かったのです。

それはアメリカだけではなく、イギリスでも、小国のベルギー、オランダ、スイスでもそうでした。個人が自主独立の精神を持っているから、小さな国でも大国の間にあってなお独立を保てるのだと理解するのです。

しかし、それにしても、男女の風俗、親子の関係には、違和感を否《いな》めなかったといえましょう。

佐々木は個人主義が行き過ぎると「人々随意わがままになり、人の務めはなくなるべし」と警告しており、これからの日本の家族のありようについてこんなことを言っています。

「各人をして働きしだい、衣食住も勝手となり、人物しだい、高位高官にも上る道立ちたる上にて、親子の間にもよくよく孝をたて、親は子をして学問等を十分にいたさせ、独立のできるように力を尽くし、何もかも服従せずとも、とかく立派なる人となりて独立し、父母の老いたるを厚く養うのみをもって孝道となると心得、父母もわが子を教育したるを本願に、恩着せがましく思わず、若くより働きて、老いたるときは自分だけの暮らし方をつけ、子弟の厄介にならずと申すところの教法を建て、その及ばぬところは法律にて補い候《そうろう》ようのことにいたれば、国はいよいよ興らざることを得ざるべし」

(6) 欧米の宗教と日本の宗教

「死囚《ししゅう》」の像を屋内に飾る欧米社会

さて、もう一つ使節団に「奇怪」な印象を与えたものは宗教です。まず教義が納得できないのです。これには少なからず偏見もありますが、たとえば久米は、

「新旧聖書なるもの、我輩《わがはい》にてこれを閲《けみ》すれば、一部荒唐の談なるのみ。天より声を発し、死囚（キリストのこと）また生く（復活する）、もって瘋癲《ふうてん》の譫語《たわごと》となすも可なり」

と辛辣《しんらつ》です。儒教的教養に基づいた論理家の久米にとって、処女懐胎、復活、原罪などという話は理解不能であったのでしょう。

時代は遡《さかのぼ》りますが、江戸中期、新井白石《あらいはくせき》がイタリア人のシドッチに初めてキリスト教のことを聞いたときもそうでした。江戸的教養の知識人にとっては聖書の物語は「フウテンのたわごと」に聞こえたのです。

教義もさることながら、実感として違和感を抱かせたのは十字架です。教会の十字架に

キリストが磔《はりつけ》になって、クギで刺されて血を流している。これを暗い教会の中で幾度も幾度も見せられて、どうにも耐えがたかったようです。

「欧米の各都、いたるところに紅血淋漓《りんり》として（赤い血がボタボタと滴《したた》って）、死囚十字架より下がるを図絵し、堂壁屋隅に揚ぐ」と久米は書いていますが、キリストを「死囚」と呼び、「人をして墓地を過ぎ、刑場に宿するの思いをなさしむ、これにて奇怪ならずんば、何をもって奇怪とせん」と言い放つのです。

そしてこうした考えは久米だけでなく、大久保なども英国公使のハリー・パークスについて「パークスもあれを信じているのがいかにもおかしい」ともらしています。ところがそんな教義にもかかわらず、熱心に信心する人が大勢いて、宗教の役目はきちんと果たしている点については彼らも、大いに評価しています。

ニューヨークの印刷会社ではバイブルを印刷している現場を見学します。世界三〇カ国語に翻訳されていて、ものすごい量のバイブルが出版されていることを知ります。たしかにホテルの部屋にもバイブルが備わっている。家庭には必ずバイブルがあるという。「欧米人、各家毎人、（バイブルを）必ず所持せざるべからざるのみならず、半月の旅行にも、必ず手を放すべからざる書なり」ということで、なかなか信心が厚いのです。

久米はこう分析しています。

「バイブルは西洋の経典にて、人民品行の基なり、これを東洋に比較して語れば、その民心に浸漬《しんし》せること四書《ししょ》のごとく、その男女となく貴重することは、仏典のごとし」

「四書」とは儒教の経典で、大学《だいがく》・中庸《ちゅうよう》・論語・孟子のことをいいます。それが人民品行の基になっているのだという見方です。

それは、次の話からも肯《うなず》けるのです。というのは、欧米では人と会うと必ず宗教のことを尋ねられる。「あなたは何教の信者か」と。もし宗教を信じないと言おうものなら、「喪心の人、荒野の民とし、つつしみて交際を絶つにいたる」とあります。

つまり、宗教のないような人間は野蛮人である、野蛮人とはとても付き合えない、と言う意味なのです。

宗教があるのが人間の資格であり、宗教がないのは野蛮であり動物と同じだという感覚が一般的だったということなのです。

ですから教義は奇異に見えても、実際にみんなが信じて、それが道徳や品行や勤勉の基になっているとすれば、それはそれで結構なことだという結論に達します。

「そもそも人民敬神の心は、勉励の本根にて、品行の良は、治安の原素なり」

そして信仰心は品行だけではなく、勤勉の基でもあり治安の大本であり、国の富強の因《よ》って生ずる所もここにあり、ということになります。そこに、宗教の持つ大きな力を認めているのです。

禁教国・日本の取るべき針路とは

ところで、当時の日本は、まだキリスト教を邪教として禁止していた時代です。彼らは行く先々で「なぜ日本はキリスト教を禁止しているのか、そんな国と対等に付き合えない、早くキリスト教を認めろ」と迫られます。そこで開明派の連中は、早くキリスト教を公認し、場合によっては、日本全体がキリスト教になってもいいのではないかとさえ言います。

それに対して佐々木は「欧米のキリスト教がよく普及して生活を律しているからといって、それをねたみ、うらやみ、たちまち宗旨替えしてしまうなどとは言語道断だ、それでは日本人の日本人たる特質が失われてしまうではないか」と言い、日本には日本の教法があるのだからそれで充分だと論じるのです。

当時の日本の指導者たちの宗教的素地は、なんといっても儒教でしょう。武士の子弟は、最低限の教えとして、幼少のころより「四書《ししょ》五経《ごきょう》」を素読し学んでいました。長幼の序、父母への孝養などは、儒教の基本項目であり、それが骨肉化していたのでしょう。古来からの神道的自然信仰に儒教が入り、そこへ仏教や禅宗が加味され、それらが融合して一種独特の日本教ともいうべきものが出来上がっていたのだと思います。この宗教問題にどう対処するか、これは旅の間中、一行の心を捉《とら》えてはなさない問題だったのです。

(7)　久米邦武《くめくにたけ》の東西文明比較論

「全《まった》き生活」と「快美の生活」

久米は『米欧回覧実記』の中で東西文明の比較論をいろいろ行なっていますが、その中の一つに、東洋と西洋の違いを「全き生活」と「快美の生活」という表現で捉えた箇所があります。

世界中どこへ行っても、誰もが富は欲しい、豊かになりたいと思うだろう、しかし、どうもその発想の原点が違うようだ。東洋では、富を求める目的が「自家の生活を全《まった》くするにある」のに対して、西洋では「快美の生活を極むるにある」としているのです。

言い換えれば、東洋では「足《た》るを知る」の精神で、ある程度食べられ生活できればよしとする考えがある。必要以上にあまり物質的、量的なものは求めないで、むしろ精神的質的なものを求める。美的なもの、詩的なものを追求する。

ところが「西洋はしからず。財産を富饒《ほうじょう》にし、つとめて快楽の生活をなすを目的とする」となります。つまり快楽をとめどなく追求する、西洋の大邸宅を見ると、やたらに使いもしない部屋があったり、部屋いっぱいに家具や美術品が飾りつけてあったりして、物質的量的なものをとめどなく追求する姿がみられます。

その性質は当然の結果として、社会の貧富の差に現われます。

欧米では成功者は真っ先に自分が快楽を追求してはばからない、むしろ富を誇示する、それを世間一般も認め羨望する傾向がある。ところが日本はそうでない。殿さまも家老も上に立つ者は「先憂後楽《せんゆうこうらく》」が哲学で、民のことをまず先に考えてその上で自分が楽しむというのが常識である。これをリーダーの道徳として身に律するのが原則です。そのあたりが基本的に違うというのです。

それはまた「欲深き人種と欲少なき人種」という言い方に対応してきます。久米はこれを人種と結び付けて表現し、「白種（白人）は情欲の念盛んに宗教に熱中し、自ら制御する力乏し、約言すれば欲深き人種なり」とし、「黄種（黄色人種）は情欲の念薄く、清浄を享受するに強し」としています。

白人は欲念が強く自分で制御できないから宗教に頼る。黄色人は欲も控えめで自分を自分でコントロールするから宗教に頼る必要は小さい、という論法です。これは安易な人種論に陥るきらいがありますが、表現の仕方としては面白く、またわかりやすいことも事実です。

東西の政治も、したがってこの文脈で論じられることになります。「ゆえに政治の主義も（東西では）相反し、西洋では保護の政治をなし、東洋は道徳の政治をなす」となり、「義か、利か」、そのどちらに重きを置くかの対比になるのです。

アメリカでも英国でも、政治の目的が利益の保護にあるという感触は現実にあったようです。とくにアメリカの各地で歓迎してくれたのは実業界の有力者が多く、会食の場などで知事や市長がむしろ実業家の下風に立っている情景がありました。利を追う町人を一段低く見ていたサムライ的気分からすれば、それは異様な光景だったでありましょう。

しかし、「道徳政治」にもそれなりの欠点があり、久米はその点に触れてこう言っています。

「（東洋では）君主はよく仁治《じんじ》の政《せい》を行なうふうあり。ただし、その法理と道徳と相混ずる上に、家族交際の道をもって君臣交際の趣となすにいたる」

つまり一般の民は、道徳政治の下では、「下等の民は貧弱にて、ただ上に依頼し、生活を結ぶ。かくて恥じることなく、自主独立の気性自ら一般に乏しきをさしたる言なり」。

結局、自主独立心に乏しいからお上に依頼してしまう。そして「足るを知り」て自分の身の回りだけで満足することになり、発展性がないことになります。

江戸時代の日本社会がある種の均衡社会で「足るを知る」をベースに微妙なバランスをとっていたとすれば、欧米の近代社会は「けっして満足せず、あくまでも快美な生活を追求する」という考えに基づいて新技術を発明し、海外に交易を求め外延的に発展していく進歩信仰の世界といっていいでしょう。

そこでの価値基準が一方は「道徳」であり、一方は「利益」という物差しになる理屈です。久米はそれぞれに一長一短があると見ており、政治の目標とすべきものとして、このように要約しています。

「政治の務《つと》むべき、教育の勧《すす》むべきは、富強の二字こそ眼目なれ、国内の人民、みな生業に勉励し、自主を遂げ、交際に礼あり、信ありて、百儒の利を開き、外は国威に屈せず、内は国安を保し、太平の堺に進まんこそ、勉《つとむ》べき本領なり」

(8) 個人主義と家族主義

欧米における犯罪の多発と風俗の堕落

また使節一行は、西洋的文明社会の光の面だけでなく、影の部分もしっかりと観察しています。それはあるいは自由の弊害であり、競争の副産物であり、快楽追求、利益社会の短所ともいえるものでした。

ニューヨークを訪れたとき、久米はこう感想を述べています。

「共和国は自由の弊多し、大人の自由を全《まっとう》し、一視同仁《いっしどうじん》の規模を開けるは、羨《うらや》むに足るが如くなれども、貧寒小民の自由は放僻にして忌憚《きたん》する所なし、上下に検束を欠くにより風俗自ら不良なり」

つまり、わきまえた人の自由は結構だが、そうでない連中の自由はわがまま放題、やりたい放題で、どうしようもない。そのうえ上下のけじめがないから風俗もおのずから不良になっていると観察しているのです。

世界一の繁華を誇るロンドンもまた、犯罪の渦《うず》巻く治安の悪い街でした。久米はこう書いています。

「少しく人通り少なき街に至れば、偸児《ちゆうじ》（窃盗）徘徊し、前より帽を圧し、背中より懐を探りて逃《のが》れさる。殷劇の市には拐児《かいじ》群れをなし、散歩の間に、金鎮玉鈎（貴重品）、烏有《うゆう》となる」。つまり金の鎖や宝石が盗まれてしまう。

「少しく寥落《りようらく》の里には（寂しいところへ行くと）、短銃を携え毒薬を懐にして、行旅《こうりよ》（旅人）を悩ますの賊あり。鉄道、汽車の上には博徒、拐児、各車を回りて田舎漢を誷《へん》きょうす」。誷きょうとは、だまくらかすということです。

文明の発展は人々の交流を盛んにし、素性のわからない移民や労働者が入りこんできて、それを取り締まり管理する術もなく、風俗もおのずから悪くなる実情を伝えているのです。

ロンドンでは、大久保と木戸がお忍びで貧民街を探訪しています。それは悪名高いイーストエンドで、妖気がただようような場所だったそうです。木戸は日記に、その印象を次のように書いてます。

「この地区の極貧人の宿泊所などへ六、七カ所至る（本邦の木賃宿と称するものの如くにして、その貧困なる有り様、なお一倍せしが如し）。また、貧人あるいは水夫などの子女ダンスの処《ところ》あり、これへもまた四、五ヵ所誘引《ゆういん》せり、また一小路に誘引す、ここは貧人極隘《きょくあい》の小屋を構え、その中支那人もまた一家を構え、二十一年前当国に来るという、アヘンを吸いし様子、案内余《よ》らに見せしなり、ここに英国の一婦人アヘンを用いて廃する能《あた》わずと言う、この婦人とカルカッタのもの同床にあり」

久米はその日、視察から帰って来た木戸の感想をこう記録しています。

「貧民窟というより悪漢の巣で、その状態は言語を絶するという外はない。支那人も二、三人いたが、アヘンを吸いトバクなどしていた。幸い日本人がいなくてよかった」

大久保も、同行した通訳の畠山に「余はあれを見て世の中が浅ましくなった」と洩《も》らしたそうです。

当時の英国は繁栄の頂点にあったといいますが、その貧富の差は激しく、一行はイングランド各地を旅して貴族や富豪の豪勢な生活ぶりを見てきたあとだけに、その対照の強烈さに驚いたようです。

日本の社会は全般的には貧しいとはいえ、貧富の差にそのような激しさはなく、治安もよく、盗難の心配もないような温和な社会でした。江戸末期から日本を訪れた欧米人はその日本の素晴らしさについて異口同音に賛辞を呈していたのです。その点、西洋の街は概して風俗悪く油断のならない社会であったのです。

それに関連してここにタイムズの記事（一八七二年十月八日付）があります。一行がマンチェスターを訪れたとき、博愛主義的な活動をしているユナイテド・キングダム・アライアンスという団体から陳情を受け、それに答えて岩倉大使がこう述べたというのです。

「貴協会は、犯罪、貧困、精神異常その他の社会悪の追放を目的とする組織です。日本のこれまでの比較的穏健な社会に、これらの有害な悪が蔓延《まんえん》することがあってはならないというあなた方の願いは、われわれとまったく同様です。われわれは世界を一巡し、訪問先の国々から、西洋文化の長所はなんでも取り入れたいと思っています。われわれはそれと同時に、文明の発展に伴って各国に発生したと見られる悪の回避にも努めるつもりです」

こうして英国側からも一種の忠告を受けたようですが、使節一行の胸中にはもとより「西洋文明のいいところだけを取れるか、悪いところも一緒に入ってくるか」という疑問が、常に去来していたものと思われるのです。

(9)　文明開化は一朝にはならず

進歩とは何か——急進的開化論者への批判

使節一行は米英と欧州一〇カ国を訪問することによって、欧米文明の諸相を発展段階に応じて、パノラマのように観察する結果になりました。そしてそれぞれの国が特有の風土と歴史の上に、それぞれの特徴ある国々をつくってきたことを知るのです。

この異文明探索大旅行団は、おそらく日々の見聞や感想を互いに交歓しながらの旅であったでありましょう。毎日が大研修合宿にちがいなかったと思うのです。

その意味で使節団にとってとりわけ重要な視察先は博物館や図書館でした。そこには、一般の人々にもよくわかるように国の発展の歴史を展示してあり、古いものを大切に保存していました。久米は米英の博物館を見学した印象をこう書いています。

「博物館に観《み》れば、その開化の順序、自ら心目に感触を与うものなり」、国の興《おこ》り発展するのはおのずから順序があり、先人の経験がいろいろの知恵を提供してくれる。「進歩とは、旧を捨て新を図《はか》るの意に非ざるなり」。

当時の日本では進歩とは古いものを捨てること、旧来の陋習《ろうしゅう》と称してこれを放棄することが進歩だと思っている人が多かったのです。使節団の中にも、とびきりの開化論者は急激な開化を望むあまり、これまでのものを一切破壊してしまわなければいけないと主張するものが少なくありませんでした。ところが、ヨーロッパの文明の諸相を視察することにより、それが間違っていることを認識します。

久米はパリで図書館を見学し、厖大《ぼうだい》な蔵書に目を見張り、その感慨を次のように述べています。

「西洋の日新進歩の説、日本に伝播《でんぱ》してより、世の軽佻慮《おもんぱか》り短きもの、逐逐然《ちくちくぜん》として、旧を棄て新を争い、所謂《いわゆる》新なるもの、未だ必ずしも得る所なくして、旧の存すべきもの、多く破毀《はそん》し遺なきに至る、噫《ああ》これ豈《あに》日新の謂《いい》ならんや、進歩の謂ならんや百年の大木は一夕にして成長せず」

それは急進的な開化論者への痛烈な批判であり、軽佻短慮への戒めでした。

長い時間をかけての知識の集積と普及が、文明をその根底から高めてゆくものである、という認識なのです。

そして、それは古代ローマの文明にまで遡《さかのぼ》ることになります。

「西洋の能《よ》く日新《あらた》にし、能く進歩する、その根元は愛古の情によれり、試みに見よ、凱旋門の壮大は羅馬《ローマ》の古城門に脱化し、セインの河の橋はダイハル橋に脱化せり、千百年の知識、之を積めば文明の光を生ず、之を散するときは、終古《しゅうこ》（永遠に）葛天氏《かってんし》の民なり」

ここではパリの凱旋門も、セーヌにかかる橋も、もとはといえばローマの古い城門に原形があり、ダイバル川（ローマのテーベレ川のこと）にかかる石橋に起源があるのだ。文明というのは先人の知恵に新たなものを重ねていくところに生ずるのであって、そうした知識を放棄散じてしまうようでは、いつまで経っても古代の民そのままの状態でいなくてはならない、と痛烈な思いで書いています。

日本の遅れは、わずかに四〇年

そうして歴史的なパースペクティブで文明を観察しながら、さて近代の文明、とりわけ産業革命以降の変化がどのように行なわれてきたかを分析するのです。そして欧米諸国が今は素晴らしい発展を遂げて、国民も豊かで便利な生活を享受しているけれど、それも歴史的にみればそう古いことではないと認識するのです。

久米はそれを総括して、次のように述べています。

「当今欧羅巴《ヨーロッパ》各国、みな文明を輝かし、富強を極め、貿易盛んに、工芸秀《ひい》で、人民快楽の生理に悦楽を極む、その状況を目撃すれば、これ欧州商利を重んずる風俗の、これを漸致《ぜんち》せる所にて、原来《げんらい》この州の固有の如くに思わるれども、その実は然らず、欧州今日の富庶をみるは、一千八百年以後のことにて、著《いちじる》しくこの景象を生ぜしは、僅《わずか》に四十年に過ぎざるなり」

いまから四〇年前のヨーロッパを想像してみればわかるように、そのころは陸に走る汽車もなく、海を走る汽船もなく、電信で情報を伝える術《すべ》もなく、運河で小船を引っぱり、風まかせの帆船で海を渡り、馬車を走らせていたではないか。そして戦場では幼稚な銃ではんの数十歩のところに相対し、羅紗《らしゃ》などはよほどの金持ちでしか着られず、綿布なども海外の珍品でしかなかった。インドの東にも国があることは知られていても、その物産を交易することもできず、せいぜいヨーロッパ内で貿易するのがやっとだった。

久米はその半世紀ばかりの歴史を俯瞰《ふかん》して、それが大きく変化してきたのは産業革命以降であり、とりわけそれが運輸・交通・通信機関に応用されて、世界のコミュニケイションがひらけてきたからだというのです。

英国で見たカメロの大鉄鋼工場も、ドイツで見たクルップの巨大な重工業も、たかだか二五年か四〇年前には小さな町工場でしかなかったことも胸中に去来したでありましょう。

すでにそのからくりがわかった以上、才が劣るわけでも、知が鈍いわけでもない日本人のことだから、そのつもりになって努力していけば、四〇年前後で文明に追い付くことも可能なのではないか、おそらくそう思ったでありましょう。この長期研修視察旅行の成果として、そう信じたにちがいないのです。

第四章　ああ、堂々たる日本人

——彼らは外国人の目にどのように映ったか

「ニューヨーク・タイムズ」の報道

岩倉使節団一行、ひいては当時の日本人が、欧米の人々からどのように見られていたか、たいへん興味のあるところです。

「ニューヨーク・タイムズ」が、使節団に関する記事を横浜出帆以前から詳しく報道していますので、抜粋してご紹介しましょう。

一八七一年十二月十八日付（陽暦）の新聞には「新しい日本の使節団」と題して、こう書かれています。

「江戸からの信頼できる情報によると、本日（実際は二十三日）横浜から出航し、一月十八日に当地に到着予定の使節団は、東洋の一国家からアメリカ、またはヨーロッパへ向けて発《た》った中で最も重要な使節団であるという。この使節団は、日本の議会と天皇の命で派遣されたもので、支配階級がこれまでのように目下の者の報告に甘んじているのではなく、自ら西洋文明を学ぶことにある」

「議会」には誤解がありますが、トップリーダーが部下の報告に甘んじることなく自分の目で見、学ぼうとしているという部分は、この使節団の本質を見抜いています。

続いて翌日の記事では、日本が長く鎖国していた理由を次のように説明しています。

「長期間にわたってこれらの人々の特徴であった外国人嫌いは、心の狭い愚かさからではなく、充分な理由があって起こったと考えられる。

日本との交流において、ポルトガルはオランダより先行していた。ポルトガルがスペインの属国となり、スペインが諸国に君臨したとき、その金（ゴールド）で溢《あふ》れていた自分たちの島を、この攻撃的で貪欲な強国が気に入るのではないかという正当な不安を抱いた。

オランダ人がどうにかして得た日本政府からの好意は、オランダ人のポルトガルに対する公然の敵愾心《てきがいしん》が大いに影響しているように思われる。さらに国民の関心が似ていたことも、ある程度日本人のオランダ人に対する好意を助長したと考えざるを得ない。

両国民ともに忍耐強い勤勉さを備え、海洋業を好み、商売熱心、園芸好きという点において共通している。オランダ人のチューリップは日本人の椿《つばき》である」

この記者はどのような背景を持った人物なのかわかりませんが、ポルトガルとオランダの対比や、チューリップと椿を対比させるところなど、なかなかの洞察といわねばなりません。そして、

「オランダは二〇〇年にわたってこの素晴らしき島国との貿易を独占した。この貿易の証

拠は、オランダのいたるところに散らばっている。そして、現存する日本人の職人工芸の最高の見本は、旅行者が、ハーグの博物館や宮殿で見ることのできる多くのものであろう」

と述べて、貿易相手としても日本がたいへん興味のある国であることを伝えています。

さらには、

「日本の職人は驚くほど腕がよく、並はずれた模倣《もほう》力を持っているので、多分ヨーロッパやアメリカの織物は、どのようなものでも日本で流行すれば、何カ月もしないうちに、より安価で生産されるだろう。というのは、日本は人口も多く労働力も豊富なのだ」

と、まるでその後の日本を見透《みすか》したようなことを書いています。

高く評価された日本人の力量

また、岩倉使節団からは少し遡《さかのぼ》りますが、一八七〇年十二月六日の記事は、中国人との比較で日本人を捉《とら》えていて、「日本がいち早く自らの意志で外国に優秀な人材を駐在使節として送り出した」と好感をもって記しています。

「中国人は人間の格が低すぎて、占めている地位相応の威厳を示すことのできない人物を

〈現地で彼らはいかに報じられたか〉

写真提供／久米美術館（上下とも）

『イラストレーアズ・テーデネ』（コペンハーゲン、上）と
『イラストレーテッド・ロンドン・ニュース』（下）の紙面より

外国に派遣したが、日本人はこれと異なり、立派な経歴を持ち、ごく最近まで開港場の一つで重要な職務についていた人物を選んだのである」

これは、明治日本が初めて駐在外交官として欧州に派遣した鮫島尚信《さめじまなおのぶ》と塩田三郎《しおださぶろう》のことで、この二人はその後、パリに落ち着いてヨーロッパ全体をカバーすることになります。それに続いて森有礼《もりありのり》をワシントン駐在として派遣するのです。

鮫島と森は、幕末、藩の内命で薩摩から英国に留学した組であり、また塩田は、父の任地の函館《はこだて》で英仏語を習い、幕府雇いの通訳となった人物で、幕末すでに使節に随行して、欧州へ二度も渡航しています。

「日本の役人のやりかたは通例徹底していることから判断して、才能のある優れた人物がさまざまな地位に選ばれることに疑いの余地はない。一八六〇年から六三年にかけてヨーロッパに派遣された使節団の日誌は、帰国後すぐに刊行されたが、そこには鋭い観察と、彼らが旅行者として出会うことになった進んだ文明から日本人は学ばなければならないという素晴らしい方向感覚が現われていた」

として、福沢諭吉らの報告書の効用にも言及しているのです。そして、

「中国の使節団が、有益な結果を得るのにわれわれの眼前で完全に失敗しているので、あ

まり楽天的な期待を持つことは慎まなければならないだろう。しかし、この二つの国民の相違は、日本人の進歩への欲求を信じるほうが正しいことを示している」

　と結んでいます。

　さらに一年後、実際に日本人の面々をその目で見たとき、彼らはこう書いたのです。

「いずれにしろ、その価値と能力があらゆる知的な外国人の興味と称賛をかきたて、その国があらゆる視点から見て、この世界の中でも好奇心をそそる国民が他の人類との親しい交わりに仲間入りするということは、喜ぶべきことであり、十九世紀後半の歴史上記憶されるべきことであるにちがいない」

　と世界史的な意義を述べ、

「〝私はいたるところを旅したが、失望しないで済んだのは日本だけだ〟と飽きるほど旅をした人が言っている」と報じています。

　日本と日本人が、当時どのような印象を持たれていたかの一端が、これらの記事からよく伝わってくると思います。

　さて、サンフランシスコに着いた使節の一行については、現地の人たちはどんな感想を抱いたのでしょうか。一月十六日付のニューヨーク・タイムズは、こう報じています。

「使節団は、日本の帝国評議会の重要な高位を占める人々によって構成され、大使たちは日本において優れた能力と影響力を持つ人々であり、一行全員が日本の派遣しうる最重要メンバーである」

　また初の女子留学生や一行の衣服について、次のように記しています。

「ヴァッサーカレッジに入学することになっている公女の一人はひじょうに美しく、評判となるであろう（山川捨松《やまかわすてまつ》のことと推測される）。使節団とその一行は、総理大臣を除いてみな、太古以来のいろいろな型の、きわめて風変わりなイギリス既製服を着て当地に到着したが、すでにそれらを脱ぎ捨て、当地で手にはいる最新の服装に着替えてしまった」

なかなか手回しがよかったことが察せられます。といってもあわただしい出発だっただけに、急拵《ごしら》えの洋装は横浜の古着屋で調達してきたようなものが多く、よほど風変わりで失笑を買っていたことも事実だったのです。

ただ「総理大臣は、豪華な刺繍《ししゅう》のほどこされた繻子《しゅす》の日本の衣裳に、いぜんとして固執している」とあるとおり、岩倉だけは和服でがんばっていたことがわかります。

また使節団の主要人物については、どこから取材したかわかりませんが、自信ありげに、次のような寸評をしています。

「岩倉は実際に、日本政府の事実上第一の行政官である。先の革命とその成果は、他のいかなる人物にもまして彼に負うところ大であり、彼はそれに伴う相応の権力を政府内で行使している。

参議の肩書きを持つ木戸は、およそ四十歳で、長きにわたり天皇の復権を要求して屈しなかった傑出した人物の一人である」

ところが大久保については、いささか混乱があるようです。

「大蔵卿の大久保は、薩摩の生まれで四十四歳になる熱血漢である」と小御所《こごしょ》会議での活躍ぶりに触れ、「大君を打ち倒したのは大久保率いる薩摩の兵であった」と、いつのまにか西郷とゴチャマゼにされています。

また、伊藤については「近年アメリカを訪れたことのある伊藤は、公共事業省（工部省）の次官で、日本では国営になっている造船、鉄道、電信の任に当たっている。伊藤はまだ三十歳ほどだが、進歩的で開明的な、前途有望な政治家である」と評しています。

それから振袖姿の女子留学生については、サンフランシスコ・ブレチン付としてこう報じられています。

「いま、わが国を訪れた日本の女性たちは、平均的に上流階級を代表する女性たちであり、もちろん独身で結婚もしていない。しとやかで上品な立居振舞《たちいふるまい》のため、彼女たちはアメリカ人の間にたくさんの友人を得た。彼女たちと親交を結んだアメリカ人女性はみな、彼女たちがみなとても魅力的だと明言している。彼女たちはとても活発でキビキビしているが、その物腰は人に頼らぬ堂々としたものである」

言葉はわからなくてもその所作《しょさ》や表情から、アメリカ人はこのように日本からの小さなレディたちを観察したのです。

男性のマナーについても、同様の印象だったようです。

「礼儀作法の点では、アメリカ人は日本人に教えられることが多かろう。彼らは上品に礼儀正しく会釈《えしゃく》をし、なんの苦もなく紳士的な敬意をもって人を遇する。個人の客間でも公の歓迎会でもまた街頭でも、彼らの振舞はきわめて高く称賛されてきた」

このあたりの報道を見ていますと、たいへん微笑ましく思われます。お互いが初対面のナイーブな出会い。まだ欠点が目につかない時期といいましょうか、結婚前の若いカップルを想起させるような初々《ういうい》しさです。

そしてこうした報道は、アメリカ各地に伝播《でんぱ》していき、ヨーロッパ諸国へもいろいろの形で伝わっていったのではないでしょうか。これらの好意的な報道は、日本の使節にとってたいへん幸運でもあり、その後の旅に少なからぬ好影響を与えたにちがいないと思うのです。

「日本に他国の宗教は必要ない」

司法省の調査理事官であった佐々木高行《ささきたかゆき》は、土佐出身で一時は参議も務めた人物ですが、自らを「頑固親父」と言い、辛辣《しんらつ》な言辞《げんじ》を弄《ろう》するので有名な人でした。いわば保守派の頭領《とうりょう》といった役どころですが、開明派の急先鋒であった伊藤博文と、キリスト教の解禁について激論を戦わせていたようです。

そしてソルトレークシティでは、ミンスロウというアメリカ人に会い、その人から日本を評価したこんな言葉を聞いて、佐々木は「わが意を得たり」といった面持《おももち》で日記に書いています。

「日本は開闢《かいびやく》より、いままで数千年になりたることにて、すでに人々礼儀も知り、文明国というべし。ただ日本にて急務とすることは、百工技術法律等なり、いかがとなれば、欧米各国に後れたることは、右の事件のみ、教法は決して他の宗旨を採用せずともよかるべし、日本の古来教法にて足れり」

日本では、なぜキリスト教を禁じたのかというミンスロウの質問に応《こた》えて、佐々木はこう答えます。

「十六世紀にポルトガル人やスペイン人がやってきてキリスト教をひろめようとしたが、これが害毒を流したので、人民保護のために幕府が禁じたのだ。その後文明の進歩により、かつてのキリスト教の悪弊も除かれたというがそれを知らず、その弊害を恐れてオランダとだけ付き合ってきたのだ」

するとミンスロウは、

「それはもっともだ。日本でキリスト教を禁じた理由がよくわかった。なるほどスペインなどから入ったキリスト教の一派は極めて悪い宗派で、人民のために禁じたのは政府の務めとして、当然だと思う。私の考えでは、日本は、礼儀作法においてはもうすでに充分文明国なのだから、いまさら他国の宗教でもなかろう、それに科学的学問が進んで来た今日では、もう昔ながらの宗教ははやらない」と言っているのです。

佐々木は、

「自分の考えとぴったりだ、アメリカ人の中にかえって同志を得た。最近の日本の軽薄な才士は、なんでもわが国は野蛮だと思い込んでいるが、そんなことを言ってるからいよいよ野蛮視しされるのだ」

と日記に憤懣《ふんまん》をたたきつけています。

案内する側も音《ね》を上げた研究熱心さ

さて、一行は大陸を横断して寒気厳しいシカゴに達しますが、それを迎えた有力紙の「シカゴ・トリビューン」は、日本ならびに使節団について、こんな記事を載《の》せています。

「日本は未開国の中で最も文明化されており、しかもヨーロッパのどの国よりも古い歴史を持っている。われわれの祖先がまだ未開で裸で暮らしていた頃から、日本には政府も法律も学校も文学もあった。

そして隔絶した小さな島に、ほぼ合衆国と同じ三五〇〇万人の人口が住んでいる。土地は高度に耕され、かなりの栄養源を魚から取っている。日本の島は北から南へ長いので気候もいろいろだが、農作物は限られており、米と茶が主たるものである」

と日本の特徴を簡潔に解説し、今回訪れた使節団については、「日本からの使節は以前にも来ているが、この度の使節ははるかに重要な人物からなっており、特に日本人の女子が訪れたのは初めてのことである」と報じています。

こうしてアメリカの新聞を見ていると、トップリーダーが来たことと女子留学生を連れてきたことが特筆大書されており、そうした思い切ったことのできる日本という国と日本人に、一種の敬意を感じているふうがみられるのです。

使節団がワシントンに到着後一週間くらいして、フィラデルフィア当局から招待状が舞い込みます。

しかし、使節本体は例の条約改正交渉を始めてしまったので、とても応じている余裕はなく、かといってせっかくのお招きでもあり、別動隊を派遣することになります。

工部省の調査理事官だった肥田為良《ひだためよし》をチーフとし、長野桂次郎《ながのけいじろう》（外務二等書記官）、阿部潜《あべひそむ》（大蔵省）、沖守固《おきもりかた》（大蔵省）、杉山一成《すぎやまかずなり》（大蔵省）、大島高任《おおしまたかとう》（工部省）、中山信彬《なかやまのぶとし》（兵庫県知事）、村田新八《むらたしんぱち》（宮内省）、五辻安仲《ごつじやすなか》（宮内省）を随員とした計九名でした。

フィラデルフィア側は三つの委員会をつくって万全の歓迎態勢を整え、一行を実に二五日間にもわたってもてなすのです。一行はフィラデルフィアの、主として産業を精力的に見学し、その間には鉄と石炭の町ベスレヘムなどへ三日間の小旅行までしています。

そして歓迎委員会はこの使節団の行動を記録した七二ページに及ぶ報告書を『Japanese Visit to Philadelphia in 1872』として残しています。

その中から、フィラデルフィアの人たちの目に映った日本人の姿を拾ってみましょう。

まず、「フィラデルフィアの商人にとって、これから開けゆくであろう厖大《ぼうだい》なマーケットとの交易はきわめて重要だ」という認識を述べています。そして、とりわけ肥田の熱心な視察ぶりと、長野の有能な通訳ぶりに感心しています。

この二人は共に、一八六〇年の幕府が派遣した新見《にいみ》使節に随行してきており、アメリカは一二年ぶり二度めの訪問だったのです。

肥田はそのころは咸臨丸《かんりんまる》の蒸気方であり、長野は新見使節の通訳見習いでした。その後、肥田は幕府の造船所の建設に尽力し、明治以降もそれを継いで当時は、押しも押されもせぬ、新興日本株式会社の技術担当常務といった役柄に収まっていました。

肥田の勉学ぶりはすさまじく、いつもポケットにコンパスをしのばせ注意深く測ったり、次から次へと質問をして理解するまであきらめず、昼食の時間が来ても視察が終わらず、せっかくそのつもりで食事を用意しているので困ることもしばしばだったといいます。

そして肥田は、特に興味を惹《ひ》くものに出会うと、そのスケールや割合をノートに記録し、現場でスケッチを始めたりしたそうです。案内人は困って、後で図面をホテルに届けるからというと、ようやく満足したと書いています。

疲れを知らぬ視察団には、案内するほうもすっかり感心しており、日曜を除く二五日間徹底的に世話したフィラデルフィア側は、「仕事上も体力上ももう限界だ！」と音《ね》を上げたといいます。

イギリス人がみた日本人と中国人

さて、大英帝国での評判はどのようなものだったのでしょうか。一八七二年八月二十日の「タイムズ」は長文の紹介記事を書いていますが、その中から重要な箇所を抜粋してみましょう。

「中国は本当のところ評価対象としてあまりに広大すぎる（当時の中国は三億七〇〇〇万人）。一方、日本はわれわれの評価可能範囲に納まっているし、イギリス人にとっては、とりわけ興味深い存在であるといえる。日本も島国王国であり、イギリスよりはかなり大

きい。（中略）

この東洋のイギリスが、並外《なみはず》れた政治的成功のもとで統一されたことは確かである。きわめて強力な政府と練り上げられた文明、そして端的にいえば、高度に発展した体制が日本に存在していたということは、長年にわたる紛《まぎ》れもない事実だったのである。

三五〇〇万人の人口を擁する文明化した王国に対して無関心であることは、同国が東洋にあるとか、文明がヨーロッパに属さないとかの口実をもってしても、今日は許されることではない」

さらに日本のトップリーダー、とくに公家《くげ》について、中国の官吏と比較しながら次のように分析しています。

「新政府を構成する人たち——天皇の貴族たち——は何世紀にもわたり、すべての公職から隔離されていたのだが、問題処理能力に秀でた人物数人が輩出すると同時に、その息を吹き返した。彼らが果たして自らの判断で、西洋思想の侵入を希望していたかどうかは不明としても、とにかくそのような事態が不可避であることを認識した。

そしてその必要性を認めるとともに、もし可能であれば、新しい文明は日本の社会にとって、敵ではなく友人として受容しようと決断するだけの勇気を持っていた。

中国の官吏のように光に逆《さか》らって、夜明けに差し込む光線の一条一条を、国民に迷信的恐怖感を抱かせるような衣で覆い隠そうとすることなく、彼らはただちに排他主義を捨てた。

そして、全国民に対してヨーロッパが差し出そうとするものはなんでも受け入れ、それを自国の利益のために役立てるように仕向けた。このような政策方針を推進した政治家の功績は特に評価されるべきだが、これらの政治家には、日本の持つ一つのきわめて優れた性格が投影していたように思われる」

ここで、日本の指導者層における特性に言及しているのです。

「日本人には、際立った知的並びに道義的勇気が備わっているように見える。日本の歴史や伝説は、彼らが見習うべきモデルとして、兼ね備わった勇敢さと誠実さを物語っているのだが、これらの性格は、ヨーロッパにおけるある種の最も質の高い道義に匹敵するものがある。

現在ロンドンにいる外交使節団の全権らは、日本の政府と国民の〝先進国によって享受されている、最高の文明の果実を手にいれようとする〟希望を表明している。彼らは一周を果たした地球から、新しい知識の宝を収集すべく訪ねてきたとも述べている。

日本国民は、われわれの科学知識と機械技術を、充分に理解する能力のあることを自ら証明した。彼らには政治的手腕の面で、われわれと優劣を競《きそ》う能力がないなどと考えるならば、それはわれわれの大いなる過ちとなるであろう。

このような時期に、このような国からの使節団を迎えるには、最高の配慮が常に要求されるものだが、使節団に選ばれた有力者たちの顔触れは、一段とこの要請に拍車をかける」

加えて、岩倉について「優れた知性と教養の人物として、日本駐在の各国代表の間で衆目が一致している」としており、さらには「有力な人物」である寺島宗則《てらじまむねのり》が初代の駐英国公使になることに歓迎の意を表しています。

「これらの人物は、イギリスより歴史が古い王国における偉大な官吏、偉大な貴族というだけではなく、自国にとって重要かつ極めて有益な革命を、自らの命を懸けて成功させた政治家でもある。彼らの発揮する権力は、よきにつけ悪《あ》しきにつけ、われわれの通常の理解を越えた影響力を持つ」

そして、ロンドンが避暑の時期で閑散としていることを懸念してこう報じています。

「イギリスの抜きがたい生活習慣のために、王室および政府関係者のかなり多くが不在の時期に、使節団がわれわれの地を踏むのはきわめて遺憾なことであり、さらに加えてロンドンがこの季節にしても異例なほど人影がまばらなことである。このような状況を使節団に充分に説明し、かりそめにも王室やロンドンのものうげな雰囲気が、一行に対する欠礼を示唆《しさ》するといった印象を抱かれないようにするのが、使節団の接遇に当たる関係者の義務であろう。イギリス国民が抱いている感情というのは、旧世界における最も注目すべき民族の一つに対する心底からの関心なのであり、わが政府がこの国民感情を適切に伝えるものと信じている」

英国貴族の目に映った岩倉大使

さて新聞記事にあるやや改まった見解だけではなく、使節団や留学生の面々の生の姿が現地の人々の目にどう映ったか、少し探ってみることにしましょう。

ワシントンでの少女たちについては、世話を引き受けてくれたランマン夫人が、こんな手紙を津田梅の両親に宛てて出しています。

「みなさま学問修行の志《こころざし》厚く感心しております。殊《こと》に梅は覚えがよろしく、会う人はみなその立居振舞を好み、誉《ほ》めております。これまでの教育がおよろしいこととお噂《うわさ》しています」

また使節一行については、たとえばマンチェスターの綿紡工場での様子を、一八七二年十月八日の「タイムズ」はこう伝えています。

「岩倉大使以下が、さまざまな工程を熱心に視察し、とりわけミュール精紡機の働きに大きな関心を示し、大久保大臣、田中理事官、久米書記官らほとんど全員が活発な質問をし、案内側はそれに応えるのにおおわらわで、会話は大いにはずんだ」と。

同じく英国のシェフィールド近郊では、名門貴族デボンシャー公爵の館《やかた》を訪ねましたが、自ら案内に立った七代目の公爵は、日記にその日の印象をこう書き記しています。

「今日、日本の使節が訪れた。七、八人の日本人と案内のハリー・パークス卿、およびアレクサンダー将軍である。その他、使節が宿泊しているという家のウイルソン氏と、数人のシェフィールドの人が一緒だった。私は館内を案内してまわった。台所も地下倉庫も庭園もである。彼らはひじょうに興味を持ったようだが、特に噴水をほめた。大使は英語をしゃべらないが、通訳を通していろいろな質問をした。大変インテリジェンスのある人物と見受けた。彼らは昼食を取ったが、なかなかによく食べ、よく飲んだ。英語をよくしゃべる日本人も数人いた。想像だが、英国で教育を受けたこともあるようだ……」

洋装にがっかりしたフランス人

フランスの玄関ロカレーでは、市民が使節一行を今や遅しと待っていました。ところが、エキゾチックな民族衣裳を期待していたのに、使節団がすっかり洋装に転じていたのでがっかりしたといいます。

チエール大統領との謁見《えつけん》はエリーゼ宮で行なわれましたが、その時一行は大使以下全員がロンドンで仕立てた礼服を着て臨《のぞ》みました。日本側としては得意な場面であったのでしょうが、「リュニヴェール・イリュストレ」紙は、フランス人らしい辛口《からくち》の記事を載《の》せています。

「上院議員のなりをした日本人とは！　なんと悲しい仮装行列ではないか！　派手な色彩の絹の着物、細い藁《わら》で編んだ円錐形の帽子という彼らの民族衣裳のほうが、よほど好ましかったのに……」

日本人の洋装についてはこんな話もあります。アメリカのシカゴで女子留学生もようやく洋装に変身しますが、ある新聞記者は、

「それまで日本女性を覆《おお》っていた神秘性が失われてしまって、ただの小さな貧弱な女の子になってしまった」と歎いています。

〈英貴族の館を訪問〉

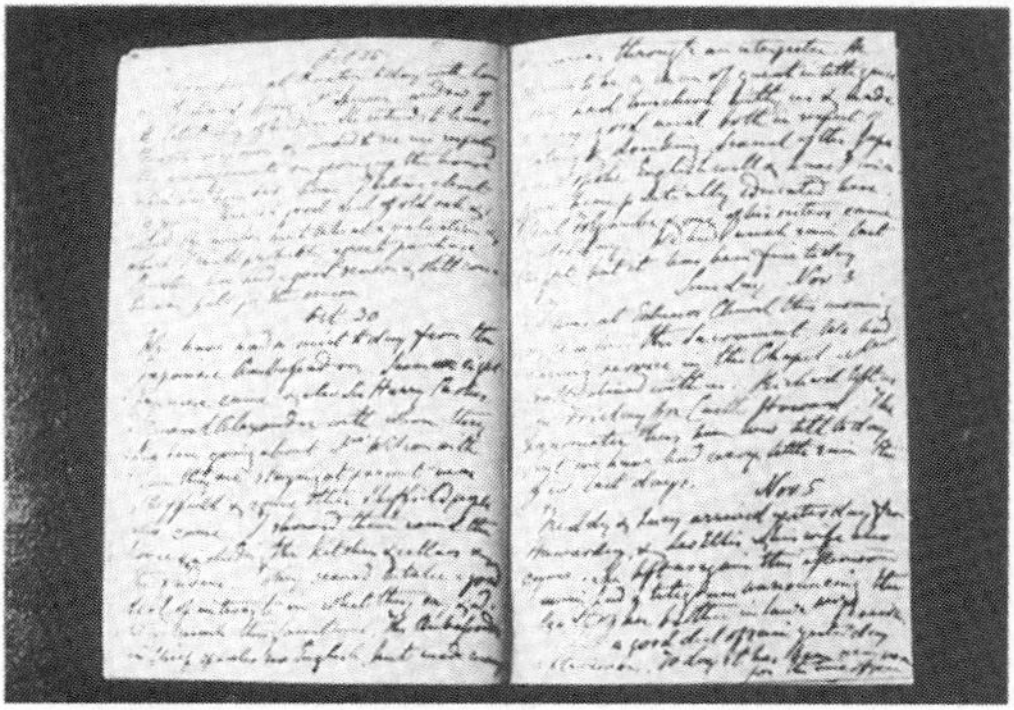

著者撮影（上下とも）

今も残るデボンシャー公爵の館と、
一行の訪問を記した公爵の日記（1872年10月30日）

こうしたエキゾチシズムに対する憧れは各地でとても根強かったようです。英国の地方都市ではどこでも、一目東洋からの珍客を見ようと押すな押すなの歓迎ぶりだったそうですが、群衆の中には手を伸ばして一行の肌に触れ、「ああ、温かかった」という印象を洩《も》らした者もいたといいます。

もう旅も終盤近くイタリアに入ったときですが、フィレンツェの有力紙「ラ・ナチオーネ」の一八七三年五月十日付はこう報じています。

「大使をはじめ書記官と随員の全員が洋服を着用しており、英語とフランス語を流暢《りゅうちょう》にあやつり、ヨーロッパ式の食事をして、握手をしながら二つ折れに身体を曲げて挨拶を交わす。この習慣と、オリーブ色を帯びた褐色の肌の色を手懸かりとする以外には、ヨーロッパ人とまったく見分けがつかない」

さらには一行の持参した旅行用荷物の量たるや厖大《ぼうだい》なものだったと報じ、駅からホテルまでの運搬には、専門の業者であるマンチリーニ運送を頼まざるをえないほどであったと書いています。

日本人は、サンフランシスコ上陸時から、買い物にはなかなか熱心だったといわれます。

「シルクハットや、最新流行で最もお洒落《しゃれ》な服装」を買いもとめるなど「ポケットにぎっしり詰まったメキシコドルを気前よく使った」とも報じられていますし、またパリでは美人のマドモアゼルに、愛嬌たっぷりに勧誘されていろいろ買い物をしたようです。

土産物好きはそのころからの属性なのか、旅の終わりにはずいぶん荷物がふくらんでいただろうと想像されます。

ホイットマンを感動させた幕末の日本人

いずれにしろ、日本人が特に米英の新聞でひじょうに高く評価されていることは事実です。それには幕末以来いろいろな形で人の交流があり、その人たちからすでに日本人の優秀性や器用さはつとに知らされていたことも一因だと考えられます。

そしてまた、日本人の留学生が各地で、その礼儀正しい態度と使命感に溢《あふ》れた勤勉さとで素晴らしい成績をあげて称賛の的になっていたことも一因でありました。

また一つには、日本にやってきた欧米人が、実際に日本社会を見て、そこに彼らとはまったく異質な、きわめて成熟した文明の姿を発見して感嘆したという事情があったものと思われます。

万延元年（一八六〇年）に初めてアメリカを訪れた幕府の新見《にいみ》使節が、ニューヨークで大歓迎を受け、ホイットマンがそれに感動して「ブロードウェイの行進」という詩を書いたことは、よく知られています。

東洋の孤島でひっそりと独特の文明を作り上げて来た日本人が、アメリカの詩人の眼にどう映ったか、その一部をご紹介しましょう。

西方《せいほう》の海を越えて、こちらへ、日本から渡来した、
謙譲《けんじよう》にして、色浅黒く、腰に両刀を手挟《たばさ》んだ使節たちは、
頭あらわに、落着き払って、無蓋《むがい》の四輪馬車《バルーシ》のなかに反《そ》りかえり、
今日《きよう》この日、マンハッタンの大路《おおじ》を乗りゆく。

実際の外交交渉では、ゴンチャロフとやりあった川路聖謨《かわじとしあきら》やパークスと折衝した勝海舟《かつかいしゆう》など、その知性、機知、練達、胆力において、日本人の実力を感得せしめたでありましょう。

そして、より一般的な観察においても、たとえば来日した米国人E・S・モースのよう

に、貴重な品物を宿の机に何日も放置しておいてもそれがちっともなくならない治安のよさに驚き、鍵のいらない社会の存在に眼を見張ったのです。

また、ロシアの革命家メチニコフは一八七四年来日して一年半ばかり滞在し、教鞭をとるのですが、日本語を解しただけに、その観察は鋭く、このように書いています。

「日本人の頭脳の天性の性質、その多血質の感受性と機敏さ――これらは南イタリア人を思わせる。しかし、ここではナポリの浮浪者たちの伝統的怠惰と不潔さとはうって変わって、どこへ行っても模範的な清潔さと産業活動に出会う」

「日本の教養階級は、数世紀にわたる儒教的合理主義によって、高度の論理的分析と、充分とはいえないが、一切の神秘主義とは無縁の唯一の、道を評価する形而上学《けいじじょうがく》を身につけている」と評しています。

そして、ロシア社会がその停滞性と貧富の激しさにおいて対極にあったからという事情もありましょうが、日本人の「進取の気性と社会的平等観念」に深く感じ入っています。

鎖国を解いてすでに二〇年近い時の流れがあり、その間に相当量の情報が相互に往来したことは事実です。一八七二年前後には、日本人に対する予備知識がある程度、相手国の、少なくとも知識階級には蓄積されていたと考えるべきでしょう。

岩倉使節団は、こうした先人の実績の延長線上で歓迎され、応対され、理解されたと解釈すべきではないでしょうか。

第五章　使節団の留守中に何が起こっていたのか

――若手官僚の大活躍と、征韓論の沸騰

「鬼のいぬ間に洗濯だ!」

使節団が文明視察の旅に出ている間、留守政府はどうしていたのでしょうか。

明治維新からまだ数年、廃藩置県から数カ月という大事な時期に、トップリーダーが大挙して外国へ行ってしまったのですから、まことに驚くべき話で、残った連中は舵《かじ》取りを失って右往左往しているのではないかと思っても不思議はありません。

ところがそうではないのです。むしろうるさ方がいなくてやりやすいとばかりに、仕事がどんどん捗《はかど》っているのです。

留守政府の主要メンバーは太政大臣の三条実美《さんじようさねとみ》、参議の西郷隆盛、板垣退助、大隈重信の四人です。それに各省の実務を担当しているのが、井上馨《いのうえかおる》、山県有朋《やまがたありとも》、江藤新平《えとうしんぺい》、大木喬任《おおきたかとう》といった連中です。

三条は上級公家の出身で、かつては過激派としてならした七卿落ちの一人ですが、その高潔な人格をもってその職にあり、どちらかといえば調整役的なお飾りのような存在です。

留守政府の親玉といえば、やはり西郷ということになるでしょう。維新第一の功労者であり、軍を掌握しています。それになんといっても人望があります。

板垣もまたさわやかな人柄でありますが、武の人といっていいでしょう。

つまりこの三人は実務となると疎《うと》いほうで、実際の仕事をしていくのは、大隈、井上、山県、江藤という連中です。

前にも触れましたが、今回の使節団派遣についても、最初に提案したのは大隈でした。初めは大隈が大使で行く案もあったくらいです。ところが事態が急転回して、大隈は留守居役にまわったわけです。

当時、急進改革派の元気者たちを「アラビア馬」と呼んでいましたが、その筆頭が大隈で、伊藤博文、井上馨、山県有朋などがそれに続いていました。

そうした実務のできる若手官僚から言わせると、岩倉、西郷、大久保、木戸などは、世界の大勢に疎《うと》くて困るということになります。開明的といわれた木戸でさえ、あまりに改革が急でよろしくないとブレーキをかけるようになっていました。そこで、

「このままでは思うようには改革が進まない、そこで、使節団派遣をチャンスとして、これらのお偉いさん方に外国を見てもらって、大いに認識を改めてもらおう」

という魂胆《こんたん》があったわけです。

大隈は変幻自在の政治家でありますから、岩倉大使の線が固まるとみるや、それならそ

れで「鬼のいぬ間に洗濯だ」とうそぶくことになります。ご年配方が米欧回覧に行っている間に、開明派の若手でどんどん仕事を進めようじゃないかということであったと推測されます。

西郷隆盛と若手官僚たち

ただ、気になるのは、もう一人西郷という大鬼が残っていることです。西郷も出かけてくれればもっとやりやすかったかもしれません。が、実際に西郷がいないと国が保てないという事情があります。

西郷という人物には一種の徳が備わっています。勝海舟は西郷を「高士」と評しましたが、最高の顕職《けんしょく》にありながら質素な生活に甘んじ、ひたすら世のため人のためだけを思っていたような人です。

その西郷は、当然のように奢侈《しゃし》、傲慢、不正をひじょうに嫌いました。ところが、大隈や井上には多分にそちらの気《け》がありました。仕事はできるが、派手好きで、驕奢《きょうしゃ》、尊大の傾向があります。その上、公私の区別があいまいときています。

大隈などは、築地《つきじ》の旧旗本《はたもと》の五〇〇〇石だったという殿さまの屋敷に住んで、白馬に跨《また》がって大蔵省へ出勤します。そこの屋敷には四、五〇人の食客が全国から集まってきて、談論風発の時を過ごしているという具合です。

井上馨も仕事をさせると抜群ですが、ことのついでにつまみ喰いすることくらいは役得ぐらいに思っています。他人の金はおれのもの、他人のお宝は自分の物といったようなところがあり、悪気はなかったかもしれませんが、とにかく公私の区別がつかない。

だいたい長州の連中にはそういう傾向があったようで、「命を懸《か》けて国事に奔走《ほんそう》しているのだから、多少のことは大目に見てしかるべし」というようなことであったのかもしれません。

しかし西郷は、そうした大隈や井上が嫌いでした。西郷は、政商の三井《みつい》と癒着《ゆちゃく》している井上のことを「三井《みつい》の番頭さん」と呼び、大隈を「節操なき詐欺漢《さぎかん》」と称したといいますが、この二人からすると西郷は怖い存在です。

とにかく「西郷さんの言うことなら命を懸けてやります」という物騒な正義漢がごまんといます。下手をするとテロで命を狙われかねません。ここはなんとか西郷を味方へ取り込んでおかねばと、当時大蔵次官格だった井上は、外遊する大蔵卿の大久保の代わりに、西郷に後ろ盾《だて》になってもらうのです。

そこで例の十二ヵ条の約束が交わされます。これはむろん外遊組からして「留守組が勝手なことをしないように」という狙いもありますが、留守組からすれば、西郷を取り込んで、既定の路線を突っ走る保障を取ったことにもなります。

こうして「鬼のいぬ間」の留守政府は大忙しの状況を呈するのです。

島津久光《ひさみつ》の大不満、西郷の苦悩

廃藩置県の大号令が出た当座は、それがはっきり具体的にどのような影響を及ぼすかがわかりませんでした。しかし、実際の生活に切実に関係してくると、いろいろとまた不満が出てきます。それは一般庶民から旧サムライ階級、そして大名にまで及んでいるのでした。

こうした不平不満の鎮静化を図るためにも、また新生天皇政府誕生のデモンストレーションのためにも、留守政府は一大イベントを企画しました。それが明治天皇の西国巡幸《じゅんこう》です。

明治五年の五月二十三日、明治天皇は新式の軍服に身を包んで東京を船で発ちます。随行するもの徳大寺《とくだいじ》実則、西郷隆盛、西郷従道《つぐみち》、川村純義以下七〇名という大がかりな行列であります。

大久保、伊藤は委任状を携えて五月十七日に再度横浜を出帆していますから、彼らはちょうど太平洋上にいる頃になり、岩倉本体はワシントンに滞在中です。

天皇一行は、二十六日には伊勢神宮に参拝され、そして二十八日に大阪着、いったん京都に立ち寄って四日にまた大阪、それから軍艦で十日に下関、十四日に長崎、十八日に熊本とまわり、いよいよ二十二日には、不平分子の最大の大物・島津久光《しまづひさみつ》のお膝元《ひざもと》である鹿児島に到着しました。

途中の沿道では大変な歓迎を受け、農作業を視察したり老人を慰労したり、巡幸美談をとり混ぜての旅は、人々に大いなる感動を与えました。新しい天皇の時代がやってきたことを実感させる効果は充分にあったといえましょう。

しかしこの巡幸のもう一つの大きな狙いは、不満爆発の鹿児島の旧殿様、島津久光をなんとか慰撫《いぶ》しようというところにありました。久光にしてみれば、西郷や大久保は勝手に薩摩の兵や金を使い、国のためと称して藩を犠牲にしたようなものですから怒るのも無理ありません。

とくに西郷は「廃藩置県だけはやるな」と久光に念押しされていたにもかかわらず、結局やってしまったという事情があります。だから大久保と西郷は、完全に久光をだまくらかしたことになるのです。

久光は天皇に建言書を提出します。内容は、「国のもとを立て、綱紀粛正を図ること、服制を定めて容貌を厳《おごそか》にすること、学術を正しくすること、慎みて人材を選ぶこと、外国の交際を慎み、つまびらかに可否の分をわきまうべきこと、貴賤の分を明にすること、淫乱を禁じて男女の別を明らかにすること」などなどを箇条書きに並べ立て「いまのような政治では、国運は衰弱し、万古不易の皇統も共和政治の悪弊に陥れられ、ついには洋夷《ようい》の属国になってしまうだろう」と痛論しています。そして最後には、西郷と大久保を罷めさせるのが先決なりと迫っているのです。

中央政府としては、大物の島津久光が鹿児島にいて、このような反動的な言辞を繰り返し、反旗を翻《ひるがえ》されては具合が悪いのです。なんとか中央に引っ張り出して、わが陣営に入ってほしいところです。そこで、右大臣に迎えるという話まで用意されていました。

西郷や木戸が参議ですから、その上でなくてはいけないのです。

ところが、久光は頑《がん》として受け入れません。建言書を認め、西郷と大久保を罷めさせなければ上京しないと頑張るのです。これには政府もほとほと困ってしまいました。

〈西郷隆盛の苦悩〉

写真提供／毎日新聞社

西郷（左）と不平士族の筆頭格で旧薩摩藩の実力者・島津久光《しまづひさみつ》

一行は明快な答えは出さず、結局物別れに終わります。

島津久光はなおあきらめず、腹心の海江田《かいえだ》を出京させて、西郷、大久保の職を免ずるように働きかけますが、勝海舟らの説諭でどうにか思いとどまったといいます。

著名な評論家であった三宅雪嶺《みやけせつれい》は、その代表作『同時代史』の中で、このあたりの状況を、こんなふうに説明しています。

「薩摩は前より派別して合争い、戊辰《ぼしん》の変にて西郷等が勢力を占めたりとはいえ、失意者がそのままに閉塞せず、久光を擁して機会を作らんことを謀《はか》る。死をおかすの気概ありとて必ずしも私欲を捨てず、国家のために悲憤しつつも、猛烈に利権を争うことあり。左右より久光を煽《せん》用《よう》し、久光は国事を慨嘆《がいたん》するも、ひっきょう小臣どもの要路に立つを憎むにすぎず」

小臣というのは身分が低かった西郷や大久保のことで、彼らが主要な地位に就《つ》いているのが我慢ならなかったというのです。そして、各地の不満分子が久光を擁して何かやらかそうとしている、つまり久光が全国の反対勢力の象徴として祭りあげられる恐れがあったのです。

西郷はその不穏な空気に苦しみ、対策に心をわずらわして東京へも帰れず、しばらく鹿児島に居残ることになります。

西郷がそのころロンドンの大久保に宛てた手紙が残っていますが、その中に久光のことを次のように書いています。

「貴兄（大久保）をはじめ、私どものことよほどお申し立てあいなり、ことに私（西郷）いちばんの重大（許せない問題人物）のことにて、ぜひこの者退去あらせられたく、さなく候《そうら》わば、ご上京あそばされずとのこと、ほとほと参り候《そうろう》」

留守政府が断行した三大改革

新政府には「廃藩置県」に続いて当然行なわなければならないことが、たくさんあります。明治五年から六年にかけて、いわゆる「三大改革」なるものが実施されますが、これらも「廃藩置県」の勢いのしからしむるところでしょう。

明治五年の二月には土地永代売買の禁を解き、五月には新紙幣を発行したり藩債をすべて大蔵省で引き受け処分することを決めています。八月には学制を公布し、次いで六年の一月には徴兵令、さらに七月には地租改正という順序です。

八月初旬といえば、使節の一行はロンドンに到着して、バッキンガム宮殿や議会を見学しているころですが、その八月三日、日本では学制の公布がなされています。それは肥前出身の文部卿・大木喬任《おおきたかとう》と江藤新平、福岡孝弟《ふくおかたかちか》らが中心となりました。そして「必ず邑《むら》に不学の戸なく、家に不学の人なからしめんことを期す」と高らかに国民皆教育の理想をうたいあげ、全国に小学校五万三七六〇、中学校二五六、大学校八、を作ろうという、威勢のいい大構想を打ち上げたのです。

しかし、これは多分に空想的であって、いざ実施するとなると容易なことではありません。先生もいなければ、校舎もない、教科書もなければ、金もない。しかし、この時代の気分というものでしょうか、目の覚めるようなプランをぶちあげたものです。

現実には小学校から始めますが、予算がないので、就学児童一人につき親から月五〇銭の授業料を取ることになりました。

ところがこれが大反発を食らいます。一般の零細な民にとっては、それまで働き手であった子どもを学校に取られてしまうばかりか、そのうえ授業料まで召し上げられるということで、各地に反対が起きます。

翌六年の一月、そのころ使節団はパリに滞在していますが、「徴兵令」が発布されます。この推進者は長州の山県有朋と、薩摩の西郷従道《さいごうつぐみち》でした。

以前から長州の大村益次郎《おおむらますじろう》が、

「これからは兵をサムライに頼っていてはいけない、徴兵制を布《し》いて民兵を組織しなければいけない」

と盛んに唱えていました。大村がテロで倒れたあとそれを継いだのが山県で、西郷従道とともに強力に民兵制を推進することになります。二人は明治三年に欧米を見て歩き、徴兵制の具体策についても勉強をして来ました。

しかし、徴兵令はサムライの特権を奪うことを意味しましたから、まず旧武士階級から反発を食らいます。同時にまた農民や町民にも新たに兵役の義務を課するわけですから、働き手である男子の労働力を奪う結果になり、これも反発を食らうことになります。

しかも、この兵役にはいろいろな免除規定や抜け道があり、そのうえ「徴兵」というのは「血を以て税を払う血税」という表現が流布し、生き血を絞る意だと誤解されたりして、一般庶民の間にますます反対の火の手が上がるわけです。

さらには七月、使節一行はもう帰路についていて紅海を航行中のころですが、「地租改正」という大改革が発令されます。

これは新政府の財政基盤を強化するために、大隈、井上らを中心に実施されました。その骨子は、土地売買を解禁して地券を発行し、その地価に応じて税金を取るというものです。

それまで地租は各藩バラバラで、かなり不公平がありましたが、それを統一し国家の税収を確保しようというわけですから、ぜひとも必要なことだったのです。

しかし一般の民からすれば、維新政府になって税が軽くなることを期待していたのに、むしろ増税になるといって反対の声があがります。

電光石火、「太陽暦」への転換

むろん何かをやれば、既得権益を失う立場からの反対はあるわけで、それもある程度やむをえないことです。しかし、いかにも急だったということは言えるでしょう。

逆にほとんど反対もなく、歓迎されることもやっています。

新橋—横浜間の鉄道建設などもその例で、二年前に始まっていた工事が竣工《しゅんこう》します。完成前はいろいろと強い反対があったのですが、大隈と伊藤が中心で強行し、井上勝らが実行部隊を担当し、イギリスから大金を借りて成し遂げた工事です。その撒《ま》かれた種が育って、使節がボストン滞在中の明治五年九月、開通式が行なわれます。

明治天皇をはじめ各国の公使も列席して完成を祝いますが、一般市民も「これは便利だ」と感嘆せざるをえません。

それからさらにもうひとつ、アラビア馬がとびきり思い切ったことを断行しました。

それまで千数百年も使ってきた暦《こよみ》を、いきなり太陽暦に切り換えたことです。主導者は大蔵省の連中で大隈・井上ラインですが、明治五年十二月三日を、突如、明治六年の一月一日にしてしまったのです。

それまでの陰暦だと、二、三年ごとに「うるう月」を設けなければいけません。「うるう年」は一年が一三月になり、ちょうど明治六年が「うるう年」でしたから、十二月が二回、つまり一三ヵ月あることになっていたのです。

〈年表③〉 使節団留守中の日本の動き

1871（明治 4 年）	11月、岩倉使節団出発。
1872（明治 5 年）	2 月、土地永代売買の禁を解く。
	5 月、明治天皇、西国巡幸に出発。西郷隆盛も随行。
	6 月、明治天皇、鹿児島着。島津久光が建言書提出。
	7 月、全国に郵便施行。 山城屋事件発覚。司法卿・江藤新平の追及により山県有朋が陸軍大輔《たいふ》を辞任。西郷が帰京し、近衛都督《このえととく》に就く。
	8 月、学制を制定し、学区制を布く。
	9 月、新橋・横浜間に鉄道開通。
	10月、官営富岡製糸場が開業。
	11月、山城屋が陸軍省で割腹自殺。
	12月、改暦。12月 3 日を明治 6 年 1 月 1 日とする。
1873（明治 6 年）	1 月、徴兵令を布告。
	4 月、内閣改造。旧肥前《ひぜん》・土佐《とさ》勢の勢力伸長。 この後、井上 馨《いのうえかおる》が大蔵大輔《たいふ》を辞任し、旧長州勢総崩れ。
	7 月、地租改正条例を布告。
	8 月、閣議で西郷隆盛の朝鮮派遣を決定。
	9 月、岩倉使節団帰国。

それをスパッと、五年の十二月三日を六年の一月一日にしてしまったのですから、五年と六年の双方で、ほとんど二カ月をスポッと抜いてしまったことになります。まるで巨大な手品を見てるような話です。

これは何を意味するかというと、たとえば国として支払うべき月給がほぼ二カ月分浮く勘定になり、国家財政にとってはこのうえない名案です。

もちろん便・不便からいっても改暦は必要でした。国際社会に仲間入りしたのはいいのですが、西洋諸国はみんな太陽暦なのに日本だけが陰暦なわけですから、不便このうえない次第です。

特に外遊中の岩倉使節団は、いつも陽暦と陰暦を二重に併用しなければならず、大弱りでした。それを、留守政府は電光石火のうちにやってしまったのです。実にお見事というほかはありません。大隈が「一石二鳥の妙案だった」と自画自賛したのも無理のないところです。

こうして留守政府は改革をどんどんやっていますが、その反動もまた侮《あなど》れない状況であり、その対策にねじり鉢巻というところです。

外遊組があちこちで大歓迎を受けたり、雪による足留めを食らったり、条約改正で勇み足をやったり、ヴィクトリア女王に留守にされて英国中をほっつき歩いたり、パリのパレ・ロワイヤルで買い物などしている間、留守部隊は大車輪で仕事をしているわけです。

留守部隊から「なにをのんびり大金使って漫遊をしておるのか、物見遊山もいいかげんにせい」という声が出たとしても、不思議はないところです。

「人に触れなば人を切る」江藤新平の登場

一方東京では、もう一人のアラビア馬、江藤新平がいよいよ台風の目になってきます。江藤新平というのは「本来のラジカル」と徳富蘇峰《とくとみそほう》も評したように、いかにも過激なところが難ですが、頭は切れるし、企画力も抜群で、実務能力にも長《た》けていました。

岩倉や大久保が「これに関し企画方針を立てろ」などというと、短い期間にそれ相応のものをサッと作ってくるというタイプで、たいへん重宝がられていました。文部大輔、左院副議長とトントン拍子に出世して、明治五年四月には、初代司法卿に転じます。

いったん卿となるや、江藤はまた過激に権限を駆使して「果断勇決、是認するところを直《ただ》ちに決行する性質」で、司法権の確立に奔走《ほんそう》することになるのです。

江藤は裁判の処理を「スピーディーに、公正に、フェアにやる」と宣言し、「悪い奴は必ず引っ捕えて逃さない」などと威勢のいいことを言って大向こうをうならせます。

雪嶺はこう書いています。

「江藤が司法卿となり、司法権を拡張するに至り、波紋に波紋を加え、問題を起こすこと多し」と。

江藤は、理屈倒れと言われた佐賀で鍛えただけに舌鋒《ぜっぽう》鋭く、「人に触れなば人を切る」というようなところがありました。

ところが当時の官制の中核をなしていたのは、なんと言っても井上馨が長官を代行する大蔵省でした。その片腕が渋沢栄一《しぶさわえいいち》であり、周辺には芳川顕正《よしかわあきまさ》、松方正義《まつかたまさよし》、陸奥宗光《むつむねみつ》といった、当時の有能な官僚が集められていました。

実際に、井上の仕事ぶりは目を見張るものがあったといい、雪嶺もその仕事ぶりについて「決裁《けっさい》流るるごとく」と書いています。

ところが、井上は、情に弱くそれに溺《おぼ》れるきらいがあり、しかも前にも記したとおり、濁った水でも何でもかまわず飲んでしまうというところがあります。それが「いま清盛《きよもり》」といわれるくらい権勢を張り、山積する問題を片っ端から処理していくわけで、それはそれで天晴《あっぱ》れというべきでした。

しかし、中央の親分がそうだからといって大蔵省の管轄下にある地方官庁の三流、四流の役人までが、井上を気取ってその悪いところだけ真似する、つまりあちこちで専横をほしいままにするという現象が起こります。

江藤によれば当時の「地方庁は行政、司法の二権を掌握し、すこぶる横暴を極め」、地方は、行政・司法の二権がまだ不可分であり、「あるいはご用金と称し、富豪に迫りて金を献ぜしめ、あるいは言を託して人民の財産を没収し、これを訴えんとすれば、訴えるところは同じく地方官庁なれば、訴えるその効果もなく、皆恨みを飲んで悲痛せり」という実情だったのです。

そこで、江藤は司法権を大蔵省からもぎ取って独立させ、不正邪悪を正そうとします。それがまたきわめて厳しく、手心を加えるなど生ぬるいことは一切許さないのです。訴えを聞くや「専横許すまじ」と、バッサバッサと処断することになります。まさに正義の味方、さながらスーパーマンのようです。

「山城屋事件」と山県有朋の失脚

一方、井上はといえば、誠心誠意仕事をしているつもりでも、その間にちょっとつまみ喰いするのは役得くらいに心得ていますから、自然、衝突が起こります。「江藤のように堅いことを言っていては仕事はできない」と猛反発します。

三宅雪嶺は江藤、井上の対立を評して、「比較的多く正義を重んずると、比較的多く実利を重んずるとに分かれ相ひ反撥するに及ぶ。前者とて実利を忘れず、後者とて正義に無感覚ならざれど、重きをおくの点において一致するを得ず」と述べていますが、その背景には深い事情が隠されていました。江藤には、薩長の専横を叩かんという下心があったのです。井上から言わせれば「維新に功もなき肥前の輩《やから》がなにを偉そうに」という気分があります。

先にも述べましたが、肥前というのは最後まで日和見《ひよりみ》を決め込んで、最後の最後のところで倒幕に参画してきた藩です。薩長からすれば「なんだ、あいつら。血も流していないで、何を生意気言うか」という気持ちが抜きがたくあります。

とりわけ長州は、維新にいたるまでに膨大な数の犠牲者を出しています。木戸などは、それを思い出してはいつも「おれたちは本当に生き残りなんだ」と涙を流していました。井上にしても、一度死にかけて九死に一生を得た体験を持っています。白刃をくぐり抜けてきた志士たちなのです。

井上と江藤の衝突はもう一触即発の状況にまで立ち至りました。

そこへ山城屋《やましろや》事件が持ち上がります。

この事件、顚末《てんまつ》を簡単に述べますと、元・長州の藩士で山城屋と名乗る御用商人、兵器商人が、兵部大輔《ひょうぶたいふ》で長州出身の山県有朋とつるんで公金を借り出したという疑いです。山城屋は一方で生糸商売をやっていたのですが、そこで失敗をして起死回生の手を打つべく兵部省から大金を借り出したのです。その額が当時で六四万円だといいますから、岩倉使節団の当初予算を凌駕《りょうが》するような巨額です。

当時の陸軍省の予算が六〇〇万ぐらいでしたから、その一割に相当する金額です。その事態が明るみに出て、窮地《きゅうち》に立たされた山県は、明治五年の七月に責任を追及されて辞職します。

そのとき西郷は天皇巡幸に随伴して鹿児島に行っていたのですが、急遽呼び戻されて帰京し、山県の代わりに近衛都督《このえととく》という職に就きます。この不正に憤慨した一派がクーデターでも起こしかねない状況だったので、それを未然に防ぐために西郷が必要だったのです。

事件の当事者である山城屋は、パリで豪遊していたところを呼び戻されて返済を迫られますが、とてもそんな力はありません。万策尽きた山城屋は、一切の証拠書類を焼いて陸軍省内の一室で割腹して果ててしまいます。

そして証拠が隠滅《いんめつ》され、うやむやのうちに、結局陸軍省の会計責任者が引責辞職して一件落着になってしまいます。江藤もそれ以上は追及できませんでしたが、山県は謹慎の身となり、長州一派は深い傷を負うことになります。

山県は、ここで政治生命を断たれていてもおかしくなかったのですが、結局、西郷が山県をかばってしまい、一時の辞職だけで蘇生のチャンスを残すことになるのです。

西郷とすれば、一方で農民の一揆は多発するし、サムライの不満分子がいつ爆発するかわからず、国内治安を維持するにはどうしても軍事力の強化を図らなければならず、それには山県に代わるような人物がいなかったということでしょうか。

江藤・井上の対立と、土肥《とひ》内閣の成立

さらに江藤と井上の対立は、予算の分捕り合戦でのっぴきならない事態にまで至ります。

江藤にしてみると、あちこちに裁判所を作らなければならないのに、予算の要求が通ら

ない。また井上にしてみれば、当時の予算総額がおよそ四〇〇〇万ほどなのですが、各省から出てきた概算要求はおよそ五二〇〇万にもなりましたから、切りつめなければならない。

それでバッサバッサ切って「おまえさんのところはこれだけだ」と言う。と、江藤がこれに反発をして「陸軍省には七〇〇万も八〇〇万も出して、何でおれのところはこんな少ないんだ。向こうの金を削《けず》ってこっちによこせ」とやるわけです。

ところが、井上は頑《がん》として聞きません。ついに江藤は自ら大蔵省へねじ込んでいって、係官に「金を出せ」と迫ったという話まであります。サムライ気分が抜けない荒っぽい時代だったのです。

雪嶺によると、「江藤は、同郷およびその他の後援を得たにせよ、司法卿となりて天性を発揚し、ほとんど絶頂に達し、何人も敵視得ざるの勢いあり」となります。そして「井上は教育および司法をもって不急の業とし、切迫せる財政にて余地なし」と突っぱねれば、「江藤は、要求を入れられんことを迫る」という状況です。

「江藤は少しのはばかるところなく、井上が経済の許さざるを言うや、江藤は声に応じていわく、『足下、あに経済を知らんや』と。衝突いよいよ激しく、ついに救うべからざるに至る」と。

そしてこの事態は、さらに重大な「正院《せいいん》の潤飾《じゅんしょく》」に発展します。すなわち内閣制度と人事の大改造にまで手をつけることになるのです。使節一行がちょうどデンマークで国王クリスチャン九世に謁見しているころのことです。

江藤は、「内閣の制度がよろしくない。大蔵省が権限を持ちすぎる。参議がいるんだから、参議の会議が予算の決定権を持つべきだ」と主張して、制度を根本的に変えてしまうのです。

これには大隈も当然のように加担しているはずですが、使節団と交わした十二カ条の約束にまったく反する改造です。しかも、江藤をはじめ大木、後藤象二郎《ごとうしょうじろう》が参議に列することになり、内閣の勢力は様変わりになってしまいます。

結果を見れば、内閣の構成は、薩摩が西郷の一名、長州が木戸の一名、土佐が板垣と後藤の二名、肥前が大隈、江藤、大木の三名となり、誰の目にも土肥内閣といっていいくらいの状況が現出したことがわかります。

その結果、この予算問題は破裂して、井上と渋沢は、江藤とその一派のやり口に憤激にたえず、大論文を新聞に発表して反論し、スッパリ辞めてしまうのです。新政府の中枢は

〈江藤と井上の対立〉

大蔵大輔《たいふ》・井上馨《いのうえかおる》

司法卿・江藤新平《えとうしんぺい》

写真提供／毎日新聞社

空洞化しますが、待ってましたとばかりにそれを埋めたのが大隈です。このあたりの駆《か》け引きは複雑怪奇なところがあります。

「征韓論」沸騰と西郷の賭け

さて、そこへいよいよ「征韓論」が持ち上がってきます。韓国に開国を迫る話は以前からあり、木戸なども一時は積極的に主張していたのですが、今回は、西郷自身が大使として行きたいと言い出したことに問題がありました。

そのころ朝鮮は大院君《だいいんくん》という、わが島津久光に輪をかけたような前時代的保守家が支配していて、国交を求める日本に対し、「みだりに欧化し、夷狄《いてき》の真似ばかりしている禽《きん》獣《じゅう》に等しき国」だと批判し、それを改めない限り付き合わないと言ってきたのです。

それを聞いた日本側は、「こんな無礼な話はない、居留民保護のこともあるし、使節を派遣して説得しよう」ということになりました。そこで軍艦を差し向けて威嚇《いかく》しながら交渉しようという派と、まずは平和的に非武装で交渉すべきだという派とに分かれます。

言葉を換えれば、ペリーの黒船のように威嚇戦法でいこうとしたのが板垣退助らで、「とりあえず、まず軍艦なしで交渉しようじゃないか」というのが西郷でした。それでだめなら「そのときこそ戦のことも考えたらいい。その使節はぜひおれにやらせてくれ」と西郷が言い出したのです。

本来ならその程度の交渉は、明治政府第一の重要人物が行かなくても、外務卿あたりで充分なはずです。それをあえて西郷が行きたがった理由についてはいろいろ取沙汰されていますが、どうやら次のような事情ではなかったかと思われるのです。

「明治国家をつくったのはいいが、なかなか自分の思うように行かない。中央政府はアラビア馬の若手が好き勝手にやっているし、その傲慢驕奢《ごうまんきょうしゃ》は目に余るものがある。維新に命を懸けてきたサムライたちは職を失い不満がつのっているし、久光《ひさみつ》公の問題はあるし、なんとかこの閉塞状態を打ち破りたい」

西郷はこういった矛盾の中で悩んでいたにちがいありません。

一説では、「西郷は平和使節として行きながら、無理難題を言って相手の怒りを買い、侮辱を受けることによって、逆に戦端をひらく口実をつくろうとしていた」といいますが、真相はわかりません。

そのことについて、西郷が板垣に出した手紙が残っています。その手紙をどう解釈すべきか微妙なところですが、西郷としてもここに死に場所を見つけて、最後の仕事をしたいと思っていたような節も感じられます。

西郷は、士族の特権を奪う処置を敢然と進めながら、一方ではこれら没落していく士族階級に満腔《まんこう》の同情を抱いています。それだけに、維新に功労のあった士族たちに何とか処《ところ》を得させてやりたいと思っています。

そこで、朝鮮の大院君が西郷の使節を拒絶したり、あるいはこれを殺害するようなことになれば、その時こそ公然と朝鮮の非をならしてこれを討つべしという筋書きが用意されたというのです。

西郷は維新の結果、世の中が欧米風の利便のみを追いかけ、軽佻浮薄《けいちようふはく》に流れ、役人らの綱紀《こうき》も弛緩《しかん》していることに我慢がなりませんでした。征韓を千歳一遇の好機として、そこに第二維新の可能性を見たのかもしれません。

朝鮮にしてみればずいぶん迷惑な話ですが、当時はやわなことは言っていられない時代でした。こっちが平和的なことを言っていても、向こうがいつ攻めてくるかわからない時代です。

お互いが夷狄《いてき》の国と言い合っているぐらいで、道義や交渉などと言っても、それは国内だけで通じることであって、いったん国境を越えるとお互い、奪い合い殺し合いが当たり前の状況だったともいえるからです。

あるいは、西郷の考え方には韓国に行って因循姑息《いんじゅんこそく》な蒙《もう》をひらき、ペリーと同じ方式で西洋文明の恩恵に浴せしめ、その成功の余勢をかって国内の綱紀粛正を図ろうという考え方があったかもしれません。

そうした思惑渦まく中、西郷を使節とする遣韓の議は閣議で承認され、明治天皇に奏請《そうせい》され、あとは岩倉大使の帰国を待つのみという状況になりました。

西郷はすっかり行くつもりになり、取り巻きのサムライ連中は、「いまこそ鬱憤《うっぷん》を晴らす好機なり」と張り切り、横浜の外国商人の中にはいざ戦争で一儲《ひともう》けと、手ぐすねひいて待っている連中も少なからず、たとえ西郷が平和使節のつもりだったとしても、周囲はすっかり臨戦態勢といった雰囲気だったのです。

そこへようやく、岩倉本隊が帰国してくることになります。

第六章　明治日本の針路、ここに定まれり

——使節団は「明治という国家」に、何をもたらしたか

大久保の帰国と失望

話は前後しますが、明治六年五月二十六日、まず大久保が帰国します。

ところが国内の状況は、いかにもよろしくありません。

中央では、井上馨と江藤新平の対立、肥前勢力の内閣侵蝕、また地方では各地から湧き上がる不平士族の怨嗟《えんさ》の声、学制改革や徴兵令に対する百姓の反発、打ちつづく大規模な一揆など、事態はきわめて厳しい状況になっていたのです。

出発前に留守政府との間で取り交わした十二カ条の約定《やくじょう》はすっかり反古《ほご》にされていて、とりわけ最も大事な参議をはじめとする人事まですっかり変わっており、国運に関わるような大事も、勝手に進めてしまっています。ちょっと手がつけられないような状況になっていました。

大久保には、「帰るのが遅すぎた」という悔いがあったかもしれません。古くからの仲間である五代友厚《ごだいともあつ》宛てに書いた手紙の中で、「どうもこの旅は大敗北であった」と言っています。

また、左院《さいん》の宮島誠一郎《みやじませいいちろう》に対しては、

「すでに改革も済んでしまって、わざわざ帰国したけどいまさらやることも見当たらない」

とこぼしています。

西郷と会って互いの無事を喜んだはずですが、あらためて旅のことや留守中のことを話してみても、以前のようにはしっくりいかないことを発見したでありましょう。いくら欧米の話をし、開化の実情を話しても、やはりこの目で見てきた者とそうでない者とでは、理解に越えがたい溝《みぞ》が生じたとしても無理はありません。

一年半の洋行は大久保をすっかり変えてしまっていたのに対し、その間西郷は、旧藩主の島津久光問題や山県などの問題に振り回されて、東京と鹿児島の間を往復するばかりで、相変わらず「堯舜《ぎょうしゅん》の世」を理想とする考えに変わりはないのです。

西郷は言います。人の世の進歩とは物質文明の発達ではなく、道義的な進歩でなくてはならない。

ところが欧米文明の実態はどうか。

「実に文明ならば未開の国に対しては、慈愛を本とし、懇懇説諭《こんこんせつゆ》して開明に導く可きに（実態はというと）未開蒙昧《もうまい》の国に対するほど酷《むご》く残忍の事を致し、己を利する」

これを野蛮と呼ばずして何と言おうか。西郷の議論はまさに正論です。

しかし、大久保にしてみれば、ビスマルクの論を直接耳にし、米欧亜の長い旅を通じて弱肉強食の現実世界を見てきただけに、それはあまりにも理想に過ぎ、宗教家の言葉を聞くような思いがしたでありましょう。

大久保は、西郷の気質を充分に知っていればこそ、自ら開化論に傾けば傾くほど、西郷との距離が離れていくことを、感じないわけにはいかなかったと思います。

西郷もそのことを敏感に察知します。無二の友であり同志であった二人が、いざ新国家設計という段階になって、政見をまったく異にしてしまったのです。利を採るか、義を採るか、欧米文明の利便を採るか、東洋文明の道義を採るか、そのいずれに重きを置くかの選択です。

西郷と大久保、二人の比類なき友情をもってしても、どちらも譲歩するわけにはいかなかったのです。

大隈重信が、後年そのころのことを回想して、大久保の心の内をこう推量しています。

「いったん帰朝して内国の事情を察するに及んで、井上の辞職、閣僚の反目は言うまでもなく、大久保と西郷との関係、大久保と旧藩主・久光との関係など、ほとんどこれを口にすべからざるものあるを知り、いたく落胆失望して、たやすく政務を執《と》るを欲せず、慨然天を仰いで長大息《ちょうたいそく》していわく、『ああ、かくのごとくんばわれまた何をかなさん』と」

しかし大久保は、そのくらいでへこたれる人間ではありません。そのことは、この後すぐ明らかになります。

長州閥の危機と木戸孝允の焦躁

一方、木戸ですが、七月二十三日に帰国します。

さっそく天皇に拝謁《はいえつ》し、閣議で帰国の報告をします。翌日には井上馨のところに泊まり込んで、留守中の出来事をじっくり聞いたようです。そして、長州一派の同志たちが次々と江藤らの攻撃にあって、危地に陥っていることを知るのです。

木戸には、維新の原動力は長州をもって第一とするという自負があります。しかるに今、肥前が参議の席を三つまで占め、井上、山県ばかりでなく、木戸の親友である京都の参事槇村正直《まきむらまさなお》まで追い落とそうとしています。

木戸も、もちろん急進派のアラビア馬を好みません。いわんや権力をかさにきて専横、汚職を働く奸物《かんぶつ》をよしとするわけはありません。木戸は西郷や大久保と同様、清廉潔白な人物でありました。

ところが木戸の立っている薩長の基盤が急速に崩されつつあるわけで、そこに危機感を抱きます。木戸は正院には出ず（閣議には出席しないで）、病身にむち打って、まず長州派の立て直しを画策します。木戸は情にもろく藩意識の強いところがありました。しかし、有力な仲間である井上や山県が手負いで、駒不足であり、いたしかたなく結局伊藤が帰ってくるまで待つ形になります。

嵐の前の静けさ

一方、大久保はその年から採用されたという「暑中休暇」を利用して、関西方面に旅に出てしまいます。これも米欧旅行の影響でしょうか、当面打つ手なしとして一息いれようと考えたにちがいありません。

その間の八月十七日に、正院で西郷の韓国派遣が決定しますが、大久保は参議でもなく、現実にどうすることもできなかったのでしょう。旅に出る前日、ヨーロッパに留学中の村《む》田《ら》新《たし》八《んぱち》、大山《おおやま》巌《いわお》宛てにこのような手紙を書いています。

「当方の形光は（状況は）、追々御伝聞もあるべく（そのうち、いろいろ伝わって行くだろうけれども）、実に致し様もなき次第に立ち至り、小子（私が）帰朝いたし候ても、いわゆる蚊の背に山を負うの類《たぐ》いにて所作《しょさ》を知らず」

つまり、どうしていいか手の施しようもない。

「今日まで荏苒《じんぜん》（じわじわと時が過ぎ）、一同の手の揃うを待ちおり候」とあります。

「一同の手の揃う」とは、木戸、岩倉、伊藤を指してのことでしょう。

「たとえ有為《うい》の志ありといえども、この際に臨み蜘蛛《くも》の巻き合いをやったとても寸益もなし、かつ、また愚存もこれあり（自分には自分の考えもある）、泰然として傍観つかまつり候」とあります。

心を許している後輩への便りですから、本音だと察せられます。大久保は先を読み、腹をくくって泰然としていたのです。

形勢はいかにも悪く、にわかに打つ手も見当たらない、夏の盛りのことでもあり、政局も一種の膠着《こうちゃく》状態にあったから、ちょっと気を外して、その間に英気を養っておこうという心積もりと読めます。

大久保はさらに「国家の事、一時の奮発力にて暴挙いたし、愉快を唱えるようなる事にて、決して成るべきわけなし」と書いています。

米欧回覧の旅を通じて大久保も木戸も、文明開化なるものが一朝一夕にできるものではなく、「多年の積成《せきせい》」によることを骨身に染みて感得してきました。

「当今の光景にては、人馬ともに倦《あ》きはて、不可思議の状態に相成り候。追々役者も揃い、秋風白雲の節に至り候わば、元気も復し、見るべくの場もこれあるべく候」

つまり秋になったら元気も回復し、役者も揃うので一芝居打つこともできようという言い方をしています。

そして大久保は箱根を経て富士山に登り、近江、大和路から紀州へ出て、有馬まで足をのばし、悠々と温泉にひたっています。岩倉本隊が上海を出て長崎に向かうころ、まだ関西にいるのです。

「外遊組」対「留守組」の争い

そして九月十三日、いよいよ岩倉本隊が帰って来ます。

岩倉は一日おいた十五日、三条を訪問して懇談します。三条は待ちに待った岩倉が帰ってきたというので縷々《るる》状況を話したでありましょう。岩倉は、大久保、木戸がまだ閣議に出ていないのを怪しみ、ぜひとも二人を引っぱり出さねばと主張します。

一方伊藤は、帰京の翌日、早々と木戸を訪ねています。木戸日記によると「伊藤春畝《いとうしゅんぽ》訪、欧州一別以来の事情を承了し、また本邦の近情を話す」とあります。

外遊中、条約改正問題で不興を買い、大久保に接近しすぎて木戸の感情を害した伊藤も、持ち前の愛嬌と如才《じょさい》なさで、木戸のご機嫌を取り結ぶことに成功したようです。

木戸にしても、伊藤ほど重宝な男もなく、長州藩閥の危機を前にして、よりを戻さない手はなかったと思われます。

伊藤は事態が容易ならざることを直感します。第一に兄とも恃《たの》む井上が政府から追い出されています。盟友と見込んだ大隈は残っていますが、江藤、大木らをひきずりこんで長州攻撃をやっている節があります。

山県も脛《すね》に傷もつ身で表立っては動けません。御大の木戸も病のせいか不平を鳴らすばかりで、この難局に対処するだけの気魄《きはく》も行動力も期待できません。

しかも、肝心の大久保は関西に旅に出たままです。

伊藤はローマから大久保に手紙を書き、岩倉本隊が帰るまでに「国内をすっかり掃除しておいてください」と冗談めかして頼みこんでおいたのですが、いざ帰ってみるとあにはからんや、大ちらかしの状況です。

伊藤にとって事態は想像以上に深刻です。それも、ひとつには条約改正交渉における伊藤自身の軽挙妄動《けいきょもうどう》が旅を長引かせたのが原因です。江藤はその外遊組の失態を奇貨《きか》として、長州一派はむろんのこと、西郷、大久保も一気に追い落とそうとしているかのごとくです。

伊藤は起死回生を図って懸命に動きだします。九月二十一日、大久保が帰京するや早速、岩倉と会談し、伊藤も合流して、いよいよ外遊組の巻き返しが始動します。

この征韓論をめぐる対立の構図は、「外遊組」対「留守組」、「内治優先派」と「対外強硬派」、「薩長」対「土佐肥前」などのさまざまな要素が入り組んでいます。

しかしその本質は権力闘争です。どちらがヘゲモニー（覇権）を握るかの血みどろの戦いです。

伊藤は大久保、岩倉、木戸の間をしきりに周旋し、薩長中心の「内治優先派」を結集するとともに、大久保を押し立てて正院で一気に勝負を挑《いど》むつもりでした。

しかし、大久保はあくまでも慎重でした。表立って西郷と対決するのを避けたかったのでしょう。ここで征韓論を引っ繰り返せばどういうことになるか。

西郷が辞める、板垣が辞める、するとその背後にいる勇ましい連中が反乱を起こすかもしれない。あるいはテロが発生するかもしれません。三条や岩倉も最もそれを恐れました。

最初は参議の木戸を立てて大久保自身が後衛に回りたいと希望していましたが、そうもいかず、あらかじめ三条、岩倉の同意を得た上でようやく、副島種臣とともに自ら参議に就任して、火中の栗を拾う決心をするのです。

その歴史的な分岐点ともなる重大会議の前日、大久保は自分の子らに宛て、遺書めいたものを書いています。

「この難に斃《たお》れて以て無量の天恩に報答奉らん……およそ国家の事は深謀遠慮、自然の機に投じて図るにあらざれば、成すことあたわざる必せり、由《よ》って今安んじて地下に瞑目するにいたらず候えども、拝命前熟慮に及び、この難小子《しょうし》にあらざれば外にその任なく、残念ながら決心いたし候」

大久保は死を覚悟したのでありましょう。盟友西郷と正面から衝突しなければなりません。本来なら自然の機が熟するのを待って事を処理したかった、いま立つのは本意ではない。しかし事態がそれを許さない、残念だけれど自分でなければこの難局に当たれる者はいない、大久保は天命と思い覚悟を固めるのです。

閣議における西郷、大久保の大激論

明治六年十月十四日、閣議が開かれます。

出席する者、太政大臣・三条実美、右大臣・岩倉具視、参議・西郷隆盛以下八名。木戸孝允のみ病気を理由に欠席。

冒頭、岩倉が発言し樺太《からふと》問題から討議を始めるべきだと言いますが、西郷がすかさず反対し、韓国問題を優先すべきだと論じます。岩倉はひるまず、

「なるほど朝鮮の傲慢無礼は非難に値するが、政治的には樺太のほうが重要であり、この際は優先すべきである」

と主張、西郷は憤然として抗弁します。

「遣韓使節のことはすでに八月十七日の会議で決定済みである。本日はそれを正式に決定してもらう会議である。いまさら是非《ぜひ》を論ずる段階ではない」

おそらくこのようなやりとりがあった後、遂に大久保が立ちます。そして遣韓使節について正面から反対論をぶち上げるのです。理路整然と七つの理由を挙げ反論しました。

第一、新政まだ久しからず、古今稀少の大変事があいついで「所を失い産を奪われ大いに不平を懐《いだ》くの徒《と》少なからず……もし間に乗ずべきの機あらば、一旦不慮の変を醸《かも》すもま

た計《はか》るべからず」

第二、「今日すでに政府の費用莫大にして歳入常に歳出を償《つぐな》うこと能わざるの患あり。いわんや数万の兵を外出し、日に巨万の財を費《ついや》し、征役《せいえき》久を致す時は、その用費また自ら莫大に至り」、結局のところ、人民に重税を課し、外国からの借財に頼り、紙幣を乱発して人民の苦情を発することになる。

第三、「今無要の兵役を起こし、いたずらに政府の心力を費し、巨万の歳費を増し、……他事を顧《かえり》みること能わざる時は、政府創造の事業ことごとく半途にして廃絶し、再度手を下すに至っては、また新たに事を起こさざるをえず」

第四、わが国の輸出入の状況は、年に百万両の輸入超過となっており、今や国産品の育成を奨励して輸入品に代えることが焦眉《しょうび》の急である。しかるに戦となれば「戦艦弾薬銃器戎服《じゅうふく》、多くは外国に頼らざるをえず」、ますます入超を増やして「内国の疲弊」を招くは必定《ひつじょう》である。

第五、わが国にとって最も注意すべき外国はロシアとイギリスである。現に「ロシアは北方に地を占め、兵を下して樺太に臨み、一挙して南征するの勢あり」。もし朝鮮と戦になれば、漁夫の利を得るのはロシアである。

第六、「アジア州中においてイギリスはことに強勢を張り、諸州に跨《また》がりて地を占め、国民を移住して兵を屯《たむろ》し、艦を泛《うか》べて、卒然不慮の変に備え、虎視眈々《こしたんたん》朝《あした》に告ぐれば夕《ゆうべ》に来たるの勢あり」

しかるに日本の外債はほとんどイギリスからのものであり、いまもし戦争によってこれ以上借金が増え、返済の見込みがつかなくなったらどうするか。インドの例を見るまでもなく、独立を失う外《ほか》はない。

第七、わが国は不平等条約のために、「独立国の体裁を失する者少からず」屈辱を強《し》いられている。今の日本はこれを正すほうが急務で、自国の独立も全うできぬのに、韓国の無礼を憤り、それを口実として戦端を開くなど、己れを知らざること甚しきものがある。

まことに論旨明快であり、正論というほかありません。ここで一年半に及ぶ欧米見聞と、世界の現状認識がしっかり大久保の血肉となっているのを見ることができます。

会議においては、大久保と西郷の間で大激論が展開され、とても他の出席者が口をはさめるような雰囲気ではなかったと伝えられます。

こうして無二の親友であり、ともに明治維新を推進してきた二人の英傑は、たもとを分かたざるを得なくなったのです。会議は行き詰まり、三条、岩倉はやむなくいったん休憩をとります。そして結論は翌日に持ち越されるのです。

大逆転、「明治六年の政変」

が、再開された明くる日の会議に西郷は欠席します。遣韓使節を認めないのなら辞職するという意思表示です。会議では賛否両論が戦わされて、結論は二人の公家に委《まか》されることになります。

おそらくここで「西郷が辞めれば配下の兵が暴発し大混乱になる」という恐怖が二人の胸を走ったのでしょう。動揺した三条、岩倉は、大久保との密約を反古《ほご》にして「西郷遣《けん》韓《かん》」を決定してしまうのです。

大久保は唖然《あぜん》とします。全身から力が抜けていくのを感じたでありましょう。

大久保は明くる日の早朝、三条の屋敷を訪ねて、一切の職から退《ひ》くとの辞表を提出します。事情を聞いた木戸も辞表を出します。不本意ながら三条に同調せざるを得なかったという岩倉からも辞表が出されます。

外遊組が揃って、潮が引くように辞意を表したのです。

三条は、この難局の重荷がいっせいに自分の肩にのしかかってきたような恐怖を覚えたのでしょうか。十月十八日の朝、深憂《しんゆう》のあまり昏倒《こんとう》して人事不省に陥るのです。

このニュースは関係者の間を電光のように駆け抜けました。伊藤は九死に一生を得たような思いで、すかさず動き出します。木戸も「国家非常のときであり、三条に代え岩倉を立て大久保の奮起を促すべし」と策を授けます。

伊藤は大久保、岩倉の間を駆けずりまわり、大久保は「一の秘策あり」として黒田清隆《くろだきよたか》や吉井友実《よしいともざね》を動かし起死回生を図ります。

そして三条昏倒を奇貨《きか》として、岩倉を太政大臣代行に立て、天皇に「征韓論の非」を説いて、一気に遣韓論を潰してしまうのです。まさに怒濤《どとう》の寄りであり、奇跡的な大逆転劇でした。

その結果、西郷、板垣、江藤、後藤、副島らがいっせいに辞職して、主導権は完全に大久保一派に移ることになるのです。これがいわゆる「明治六年の政変」と呼ばれる事件のあらましです。

「明治6年の政変」と参議構成メンバーの変遷

出身／時期	薩摩	長州	土佐	肥前	幕府
使節団出発時 （明治4年11月） ↓	西郷隆盛	木戸孝允	板垣退助	大隈重信	
明治6年4月の内閣改造時 ↓	西郷隆盛	木戸孝允	板垣退助 後藤象二郎	大隈重信 大木喬任 江藤新平	
明治6年10月遣韓論をめぐる政争時 ↓	西郷隆盛 大久保利通	木戸孝允	板垣退助 後藤象二郎	大隈重信 大木喬任 江藤新平 副島種臣	
「政変後」の新内閣	大久保利通 （内務卿） 寺島宗則 （外務卿）	木戸孝允 伊藤博文 （工部卿）		大隈重信 （大蔵卿） 大木喬任 （司法卿）	勝海舟 （海軍卿）

※太政大臣・三条実美、右大臣・岩倉具視は不変、▒▒は就任した遣韓派の参議

大久保政権の誕生と新国家づくりのスタート

政変劇から一日おいた十月二十五日、大久保は新内閣を組織します。まさに電光石火の組閣ぶりで、すでにこの日を期し、以前から人選が進められていたものと思われます。大久保の周到さには驚くばかりです。

新任は、工部の伊藤博文、外務の寺島宗《てらじまむね》則《のり》、そして旧幕臣の大物勝海舟を引っ張り出し海軍卿に任命しました。司法卿には江藤の代わりに大木が横すべりし、大隈は大蔵卿として留任させました。大久保政権の成立です。

そして大久保は、新政権の目玉ともいうべき内《ない》務省《むしょう》を新設します。内務省には二つの仕事を期待したようです。一つは警保寮で、警

察、地方行政その他内務行政を管轄し、国内の不穏な状勢にかんがみてまず治安の安定を期したものと思われます。内乱が起きたら文明開化どころではありません。下手をすれば外国に乗じられる恐れがあります。

それからもう一つが勧業寮、それは大久保が最も力を注いだ殖産興業の担当部門でした。つまり、内務省を機関車として、工業を興し、農業を近代化し、総合的な国力を引き上げることを目指したのです。

そして工部省の伊藤博文には、交通通信などのインフラストラクチュア（社会整備資本）の整備と、鉄や造船工業の育成を担当させます。中でも鉄道と電信、港、灯台などが早急に必要でした。

大久保は自ら内務省の卿として中核を把握し、財政を預かる大蔵卿の大隈重信と、工部卿の伊藤博文を機関車の両輪として、新政策を強力に推進することになるのです。

明治四年、廃藩置県の大号令によって始められた大手術は、その当座こそあまりの切れ味のよさに出血もなきが如くに見えました。

しかし、各地での一揆をはじめ、七年には佐賀の乱、九年には熊本神風連《じんぷうれん》の乱、萩《はぎ》の乱、秋月《あきづき》の乱など不平士族の反乱が続発し、その最後の大噴火ともいうべきものが、明治十年の西南戦争でした。

そして、あたかも独立国の如き観を呈した鹿児島の私学校《しがっこう》が、西郷の死とともに崩壊し去ったとき、初めて廃藩置県は名実ともになったのです。言い換えれば廃藩置県の大手術はその後、幾多の出血を伴い、余病を誘発しながら、結局その治療に六年の歳月を要したと言ってもいいでしょう。

木戸はその西南戦争の最中に、「西郷、もういいかげんにせんか」と言いながら亡くなります。

西郷も木戸も、結局、維新までに精力を使い果たしたところがあります。明治六年の政変の後は、もうほとんど目立った出番はなかったくらいです。

とは言え、木戸は常《つね》に民主主義ということを考えていましたし、大久保の独走を抑制し、バランスをとるという意味でずいぶん努力しています。その後、大久保が実行した征台（台湾遠征）についても反対していったんは参議を辞めていますし、復職すると今度は地方官会議を開いています。

これは将来の衆議院の母体になるようなもので、地方官を集めて会議を開き、それを中央の政治に反映させようというものでした。少しでも共和主義的な世論を取り込んだ政治を目指し、専制に偏《かたよ》るのを是正する役を果たしていたのです。

一方で大久保も、薩長のバランスということもありましたが、自らの欠点を知っていたのか、木戸の意見はよく聞いていました。

こうして「維新の三傑」と呼ばれた三人のうちの二人が、明治十年に相次いで世を去り、その翌年、大久保が東京の紀尾井坂《きおいざか》で刺客に襲われ、命を落とします。

明治十一年五月十四日、運命の日の朝、自宅に訪ねて来た福島県令・山吉盛典《やまよしせいてん》に語った言葉は、大久保の心事をよく伝えています。

「維新以来一〇年を経たけれど、昨年までは兵馬騒擾《へいばそうじよう》が頻発して、仕事らしい仕事はできなかった。しかもその間、海外の出張もあり、東西に奔走し、職務の実あがらざること恐懼《きようく》に耐えない次第である。しかし、それも時勢でやむをえなかったと思う。

今や事ようやく平《たいらか》となり、これからが本当の仕事である。思うに、これをやりぬくには三〇年かかる。

明治元年より十年までが一期で、兵事多くして創業の時であり、十一年より二十年までが二期で最も肝要なる時間であり、内治を整え、民産を殖《しよく》する時である。

そして二十一年より三十年までが三期で守成の時であり、後進賢者の継承修飾するを待つ時である」

しかし大久保は「いざこれから」という時に倒れました。少なくとも一〇年早く倒れたと言っていいでしょう。

しかし、かつて伊藤博文がローマから「大掃除をしておいてください」と頼んだことを、大久保は実際その後五年の歳月を費やして成し遂げ、伊藤という後継者にバトンを渡したことになります。

政治家・大久保利通の真意

岩倉使節団の旅が、日本近代化の上でどのような重要性を持つかという点については、そこに大久保と伊藤が参加していたという事実を見るだけでも、充分ではないかと思われるほどです。

大久保も伊藤も、この旅を契機に大きな変身を遂げており、旅の成果が二人のその後の政治活動に、きわめて重大な影響を与えたと考えられるからです。

まず大久保についてその点を見てみましょう。側近の一人だった渡辺国武《わたなべくにたけ》はこのようなことを言っています。

「大久保さんの公生涯は、二段階に分かれていると私は考える。

幕府の末葉から全権副使として岩倉公と一緒に欧米各国を巡回されるまでが第一段階で、この間の大久保さんの理想は、全国の政権、兵権、利権を統一して、純然たる一君政治の古に復するのがその重要目的であったと考えられる。

欧米各国を巡回されて、その富強の拠って基づくところを観察して、帰朝されてから以後は第二段階である。この世界上に独立した国を建てるには、富国強兵の必要は申すまでもないが、この富国強兵を実行するには、ぜひとも殖産興業上から手を下して、着実にその進歩発達を図らねばならない。

建国の大業は議論弁舌ではいかぬ、やりくり算段でもいかぬ、虚喝恐赫《きょかつきょうかく》でもいかぬ、権謀術数でもいかぬ、と大悟徹底《たいごてってい》された。これが大久保さんの理想の第二段階であると私は考える」

富国強兵という合い言葉は、幕末以来ほとんどの志士の共通認識だったといえましょう。ところが、この欧米文明探索旅行によって、大久保はその具体的な方法、とりわけ殖産興業の重要性を学んだことになります。そして、それはけっして一足跳びにいくものではなく、着実に漸進《ぜんしん》的に発達を図《はか》らねばならない、と悟ったのです。

ここで建国の大業についてわざわざ議論弁舌、やりくり算段、権謀術数ではいかぬ、と言っているのは、当時そのような連中が多かったことを示唆しています。

この言葉の背景には、あるいは江藤や大隈など、反大久保一派の軽薄な急進論への反発がこめられているものと推察されます。

大久保はもともと現実的であり、漸進的な性格を持っていましたが、欧米視察によってその信念はいよいよ強固なものとなり、産業革命の決定的な意義を痛切に感じて、殖産興業の第一義的重要性を繰り返し説くことになります。

それから、大久保のもう一つの欧米土産は、政治制度についてのアイディアです。木戸と同じく大久保も帰国後、正院に「君民共治制度」の建言をしています。

それは薩摩藩の後輩だった吉田清成《よしだきよなり》にまとめさせたもので、英国の制度を下敷きにした立憲君主制の考え方です。

ただ、それは憲法を基礎とする体制だけに、憲法会議に参加し、制定された法を自発的に遵守《じゅんしゅ》しうる程度にまで「人民」が「開化」されることを前提としている。したがって日本の現状を考えるとき、直ちにそれを採用することはなお非現実的である。そこでさしあたりは天皇の権威を利用して「名君化」することであり、有志による政府機構の組織化、つまり有司（役人）専制でいくしかあるまい、といいます。

そして、これまで忠誠の対象であった藩主に代わって天皇を対象とし、その求心力をもって全国統一の実を挙げようと考えたのです。ですから大久保らはしばしば天皇による閲兵・観兵を実施し、地方巡幸を奨励したのです。

しかし、大久保はけっして天皇を絶対化したり、神格化したりしようというのではありませんでした。それはあくまでも暫定的な処置であって、立憲君主制が適用できるまでの「一時適用の至治」にすぎなかったのです。

そして、「政を為すは人にあり」として人材の登用に努め、実際政治を担当していく官僚については、「私を去り公に就《つ》き、実行顕然たる」ことを求めたのです。

惜しくも大久保は「いざこれから……」という時に凶刃《きようじん》に倒れますが、あと一〇年、二〇年命を保つことができていれば、わが国のかたちがどのようなものになったか、まことに興味ある問題です。

少なくとも大久保が思想において、後世イメージされるような独裁的な圧政家ではなかったこと、並びに大久保が二〇年、三〇年のタイム・スパンで殖産興業を考え、君民共治の政治を構想していたことを記憶すべきだと思います。

伊藤の設計――日本のアイデンティティを求めて

明治十一年五月、大久保が暗殺された時、「ロンドン・タイムズ」は次のように報じました。

「大久保は近年の日本の勃興《ぼっこう》を特色づける、すべての改革の推進者であった……彼の死は日本全体の不幸である」

大久保に最も近く、内務卿を継ぐことになった伊藤博文は、大久保の死の衝撃についてこう洩らしています。

「一朝わずかに数人の凶逆のために国家の大柱石を失い候事、遺憾限りなき事に御座候……かくの如き威望《いぼう》の大臣を失い候以上は、各地の人情にも大《おおい》に影響を生じ、万一国家の禍乱《からん》これより生じ候様の域に至り候ては、容易ならず」

大久保亡き後の空白の大きさは、その真空状態がいかなる混乱を起こすかもしれぬという恐れを伊藤に抱かせるほどでした。そして現実にそれはてきめんに各方面に現われてきました。

まず、天皇側近の侍補《じほ》グループが、天皇親政の好機到来とばかり勢力を伸ばしてきます。その中心は儒学者の元田永孚《もとだながざね》と、使節団にも参加していた佐々木高行《ささきたかゆき》です。そして在位一〇年を迎えた明治天皇自身も親政に積極的な姿勢を見せたといわれます。

しかし伊藤はそれを警戒し、岩倉と謀《はか》って侍補グループを解体に持ちこみます。

一方、民権派の運動は盛り上がりを見せ国会開設を要求する声は高く、伊藤、井上、大隈らもこれへの対応策に頭を悩ませます。

そして明治十四年の政変を迎えることになります。

この年、大隈は民権運動の高まりを背景に、国会開設について、きわめて急進的な考えを三条、岩倉に密奏します。わずか二、三年後に国会を開設しようという主張です。

これに危機感を抱いた岩倉は、大隈の裏切りに憤《いきどお》った伊藤と手を結び、猛然と大隈潰しに奔走するのです。そして北海道開拓地の払い下げ問題を奇貨として、大隈追放劇を演じます。

この事件は複雑怪奇で真相のほどがよくわかりませんが、結果からみると大隈が圏外にけとばされ、伊藤が中心に座《すわ》ることになります。

そして国会開設については、民権派に肩透かしを食わせるように、天皇の詔勅として一〇年後の二十三年と決めてしまうのです。

ここで、大久保亡き後の後継者レースは伊藤の勝利になるのですが、そこまでのことが

〈年表④〉岩倉使節団帰国後の日本

1873（明治６年）	９月13日、岩倉らが帰国。
	10月14日、閣議で大久保が遣韓に反対。西郷と大激論。
	10月15日、閣議で西郷遣韓の議決定。
	10月23日、遣韓の議、白紙撤回。遣韓派参議５名辞職。
	10月25日、大久保、新内閣を組織し、翌月、内務省を設置。
1874（明治７年）	１月、板垣退助《いたがきたいすけ》らが「民撰議院設立建白書」を提出。
	２月、江藤新平らが挙兵、佐賀の乱起こる。
	５月、台湾に出兵。その後の清との交渉で琉球帰属問題を解決。
1875（明治８年）	４月、元老院・大審院・地方官会議を設置し、漸次《ぜんじ》立憲政体樹立の詔勅が出る。
	５月、樺太《からふと》・千島《ちしま》交換条約調印。
1876（明治９年）	２月、日朝修好条約調印。
	10月、熊本神風連《じんぷうれん》の乱、秋月《あきづき》の乱、萩《はぎ》の乱が勃発。
1877（明治10年）	２月、西南戦争起こる。
	５月、木戸孝允没（45歳）。
	９月、西郷隆盛自刃（51歳）。西南戦争終結。
1878（明治11年）	５月、大久保利通、東京紀尾井坂《きおいざか》で暗殺（49歳）。
1881（明治14年）	10月、明治23年を期し、国会開設する旨の詔勅。「明治14年の政変」で大隈重信ら下野。伊藤博文体制が固まる。
1882（明治15年）	２月、伊藤が憲法調査のため渡欧。翌年８月に帰国。
1883（明治16年）	７月、岩倉具視没（59歳）。
1885（明治18年）	12月、太政官を廃し、新たに内閣制度制定。伊藤内閣成立。
1886（明治19年）	５月、第１回条約改正会議を開く。
1889（明治22年）	２月、大日本帝国憲法公布。
1890（明治23年）	７月、第１回衆議院総選挙。
	11月、第１回帝国議会召集。

伊藤にできたのは、岩倉使節団に加わったことが大きかったと思われます。旅は仲間をつくるといいますが、伊藤はこの長い大研修合宿旅行を通じて岩倉、大久保と「同じ釜の飯を喰い」、その知遇を得る機会を得ました。そして、条約改正の大失敗を通じ、征韓論逆転劇の苦闘を通じて二人の薫陶を受け、また、同志としての連帯感を共有し、また政治家としてのしたたかな実力を身に着けていきます。

この人間関係の絆《きずな》と政治の実地教育の背景の違いが、伊藤と大隈の間に大きな格差をつくった原因ではないかと思えるのです。

伊藤は、さらに岩倉を通じて明治天皇の知遇を受け、政治家としても一回り大きく成長していくのです。

伊藤は、かなりの不安があったにもかかわらず井上、山県らに後事を託して、明治十五年には憲法調査のためにヨーロッパへ出かけてしまいます。ここで一年半も留守にできたのは岩倉の後盾《うしろだて》もあり、相当の自信があったからにちがいありません。そしてシュタイン博士に師事し、じっくり憲法学の勉強をするのです。帰国する頃には、すでに憲法について伊藤に敵《かな》う者はいない状況になりました。伊藤は華族制度、内閣制度を矢継ぎ早につくり、憲法づくりへの地均《じなら》しをしていきます。

十八年には奈良朝以来の太政官《だじょうかん》制を廃し、内閣制度を制定し、三条を太政大臣から退《しりぞ》かせ、自らが総理大臣になり最高決定機関をつくりあげるのです。いよいよ名実ともに伊藤時代の到来です。

伊藤の考えは、木戸や大久保の路線上と言っていいでしょう。つまり「君民共治」という考えです。そして滔々《とうとう》たる西洋化の嵐に抗して、いかに日本のアイデンティティを確保するかに苦心をします。

そしてつくりあげたのが、日本独自の天皇制国家という構想です。その憲法こそ、かつて岩倉使節団が「米欧回覧」中に発想した考えに基づいていると言っていいのです。

木戸は、前述したように六年七月の帰国後、ただちに「憲法制定の建言書」を提出し、大久保も征韓論争後の十一月「立憲政体に関する意見書」を提出しています。ともに「米欧回覧」による調査結果に基づくものでありました。

いずれも、共和制でもなく君主制でもない、「君民共治」を意図するもので、木戸が「日本だけの」と言い、大久保が「日本独自の」と言い、なんらかの形で日本人のアイデンティティをつなぎとめようと考えました。

その心事が、木戸、大久保亡き後、伊藤博文の「漸進《ぜんしん》主義の立憲論」に引き継がれ、明治憲法の骨格をつくりあげることになったと言っていいと思います。

伊藤は、枢密院の憲法制定会議でこう発言しています。

「そもそも欧州においては、憲法政治の萌《きざ》せること千余年、独《ひと》り人民のこの制度に習熟せるのみならず、また宗教なる者ありて、これが機軸をなし、深く人心に浸潤《しんじゅん》して人心ここに帰一せり。しかるにわが国にありては、宗教なる者その力微弱にして一も国家の機軸たるべきものなし。仏教はひとたび隆盛の勢を張り、上下の人心を繋《つな》ぎたるも、今日にいたりては、すでに衰退に傾きたり。神道は祖宗の遺訓に基き、これを祖述すといえども、宗教として人心を帰向せしむるの力に乏《とぼ》し」

欧州と日本での宗教の違いを述べて、天皇を機軸とする考えを明らかにしているのです。

「わが国にありて機軸とすべきは、独《ひと》り皇室あるのみ。これを以てこの憲法草案においては、もっぱら意をこの点に用い、君権を尊重してなるべくこれを束縛せざらんことを勉《つと》めたり。あるいは君権はなはだ強大なるときは、濫用の虞《おそれ》なきにあらずというものあり。一応その理なきにあらずと言えども、もし果たしてこれあるときは、宰相その責に任ずべし。（中略）すなわちこの草案においては、君権を機軸とし、ひとえにこれを毀損《きそん》せざらんことを期し、あえて彼の欧州の主権分割の精神に拠《よ》らず、もとより欧州数ヵ国の制度において、君権民権共同するとその揆《き》を異にせり。これを起案の大綱とす」

そして明治二十二年、大日本帝国憲法の発布によって、大久保の言う第二期が完成したと言えましょう。

またその翌年「教育勅語」が発布されますが、それは憲法を補完するもので、日本人の道徳基準とその教育の具体的指針を示すものでした。その内容を見ると、佐々木高行がソルトレークシティで日記に書いた文面が想起されるのです。佐々木はこう書いています。

「日本にては個有の神道を基礎とし、これを助くるにまた孔孟《こうもう》の道を以《もっ》てし、いずれも人々真面目になる様にせぬときは、人々随意わがまま、すべて人間の務めはなくなるべし」

教育勅語は佐々木の盟友である元田永孚《もとだながざね》と、伊藤の片腕だった井上毅《いのうえこわし》の合作とされていますが、そこには何とかして日本特有の精神を確保し維持し、後の世代に繫げようとする懸命な努力のあとが見られるのです。

使節一行はこの旅の見聞を通じて、文明の発展というものがどのような周期で進むのかについて、明快な認識を持ったはずで、前述した四十年説もその大きな収穫だと考えられます。

その後の歴史を見ても、事は一朝一夕にはいかず、この使節団の大きな課題だった条約改正の一件にしても、その後、歴代の外相、寺島宗則《てらじまむねのり》、井上馨、大隈重信、青木周蔵が懸命に取り組んだにもかかわらず、結局、治外法権が廃止されたのは明治二十七年（一八九四年）にいたってであり、関税自主権の回復にいたっては、明治四十四年（一九一一年）にようやく達成されたのです。

それを可能にしたのは国際的な力関係の変化もありますが、なによりも一番の要因は、国力の充実であり、それにはそれだけの時間を要したことを銘記すべきです。奇しくもそれは明治五年から数えて、ちょうど四〇年目に当たっていたことになります。

第七章　何が彼らを颯爽《さつそう》とさせたのか

——いままた問われるべき「リーダーの条件」

驚天動地の大変革期に遭遇した明治人

「岩倉使節団」について感想を聞くと、決《き》まって返って来る言葉があります。

「明治の人は偉かった、勇気がある、劣等感がみられない、毅然としている、卑屈でない、堂々としている」などというものです。

それは現代の日本人に比べて、当時の人々がいかに立派に見えるかということであり、とりわけ今日の政治家と比較してまた各界のリーダーと比較して、思わずそのような言葉になってしまうのでしょう。

また、「各地で異常だと思われるほど歓迎されているけど、どうもその理由がわからない。そのころの日本人にはそんなに魅力があったのだろうか」という疑問もよく聞かれます。

東洋から来た珍客だというだけで、あるいは貿易相手としての関心だけで、あのような歓迎ぶりは納得がいかないというのです。

現在の日本人が国際的に見てあまりにも尊敬されていないからでしょうか、あるいはあまりにも好かれていないからでしょうか。同じ日本人なのにどうしてこうも違うのか、どうもおかしい、という思いが強いのです。

私自身この使節団のことを知ったときの最初の感想は、「実に思い切ったことをやったな」というものでした。

快挙といえば快挙、暴挙といえば暴挙です。しかし、いかにも痛快である、若さのなせる業《わざ》だとしても、やはり革命の志士はやることが違うなという印象を持ちました。

明治維新そのものもさることながら、とりわけ私は廃藩置県というのがすごいと思います。そしてその同じ年にこの大使節団の派遣ですから、この驚きはもう表現のしようがありません。あのような大胆なことができる精神構造は、いったいどうなっていたのかという疑問が、私にもずっと付いてまわっていたのです。

それについてまず思いつくのが時代背景です。

久米は『米欧回覧実記』第一巻冒頭の「例言」で、明治維新の歴史的意味についてこんなふうに述べています。

「明治中興の政《まつりごと》は、古今未曾有《みぞう》の変革にして、その大要は三に帰す、将門《しょうもん》の権を収めて、天皇の親裁に復す、一なり、各藩の分治を併《あわ》せて、一統の政治となす、二なり、鎖国の政を改め開国の規模を定む、三なり、この一あるもまた改革容易ならざるに、その三を併《あわ》せて、方今豹変《ひょうへん》運にあたる、これほとんど天為《てんい》なり、人為にあらず、その由《よ》って然《しか》る所を熟察すれば世界気運の変に催《もよお》さるるにあらざるはなし」

明治維新とは、七〇〇年続いた武家政治を廃して天皇政治に還《かえ》ることであり、各地がそれぞれ半ば独立した状態だった藩政治を一つの国家に統一することであり、長らく閉ざしていた門を世界に向けて開け放つことを意味しました。

ただ一つだけでも歴史的な大改革なのに、それを併《あわ》せて一度にやってしまうというのですから古今未曾有の大変革です。それはもう人為ではなく天為であり、「世界気運の変」、つまり時勢のしからしむることだと言いたいのです。

われわれは一二〇年以上の距離からこれを眺めていますから、当時の鼎《かなえ》の沸き立つような状況の実感がつかめないのかもしれませんが、維新初期の人々にとって、それがいかに驚天動地《きょうてんどうち》のことであったか想像しなくてはなりません。

岩倉・大久保・伊藤らの強靱な精神力

あの元気はつらつたる福沢諭吉でさえも、当時の為政者の飛び切りの奮発ぶり、とりわけ廃藩置県の断行にはよほど驚いたとみえ、それに触発されて『学問のすゝめ』や『文明論之概略』を書いたことを『福翁自伝《ふくおうじでん》』で述懐しています。

「幕府時代に私の著《あらわ》した西洋事情なんぞ、出版の時の考えには、天下にコンナものを読む人があるかないかそれもわからず、たとえ読んだからとて、これを日本の実際に試みるなんて、もとより思いも寄らぬ、一口に申せば、西洋の小説夢物語の戯作《げさく》くらいに自ら認めていたものが、世間に流行して実際に役にたつのみか、新政府の勇気は西洋事情の類《たぐい》ではない。一段も二段も先に進んで思い切ったことを断行して、アベコベに著述者を驚かすほどのことも折々見えるから、そこで私もまた、以前の大願成就《じょうじゅ》に安んじていられない」

福沢先生のじっとしていられなくなった気持ちが、痛いほど伝わってきます。

「コリャ面白い、この勢いに乗じてさらに大いに西洋文明の空気を吸い込み、全国の人心を根底から転覆させ、絶遠の東洋に一新文明国を開き、東に日本、西に英国と、相対して後れをとらぬように競《きそ》い合うことも不可能ではないと、ここに第二の誓願を起こして、さて身に叶《かな》う仕事は三寸の舌、一本の筆よりほかに何もないから、身体の健康を頼みにして、もっぱら塾務を務め、また筆を弄《もてあそ》び、種々さまざまなことを書きちらしたのが西洋事情以降の著訳です」

福沢というもう一頭のアラビア馬が、時勢の気運に呼応して威勢よくいなないている状況がよくわかります。

とにかく時代が時代だっただけに、その気勢が人間にも乗り移って、飛び切りの元気者が輩出したというべきでしょうか。当時の人には、気概というか、覇気というか、気迫というか、要するに気力が目いっぱい充実していたのです。

それでは、その元気の背景にあるものとはいったい何でしょうか。

第一には「日本が危ない」という危機意識でありましょう。二〇〇〇年来一度も侵されていない独立が脅《おびや》かされている。それをなんとかしなくてはいけない。そのためには命をはって働こうという気概です。それがあの時代の元気の素ではなかったのでしょうか。

それは幕末以来、あるいは「攘夷《じょうい》」であり、あるいは「尊皇《そんのう》」でありましたが、共通するところは「独立」でした。国家の危機に瀕《ひん》して、日本中の志ある者が一つの合い言葉の下に結集したのです。

そこにはピーンと張りつめた時代の空気のようなものを感じますし、寄らば斬るぞという殺気さえ感じます。

「命を懸けるくらいの気持ち」、それが彼らの元気の源《みなもと》です。使節団の派遣もまた、廃藩置県を断行したその元気の延長線上にあると思います。

その流れで私がいつも連想するのは、「薩英戦争」と「長州の四国連合艦隊との戦争」です。七つの海を支配する世界に冠たる大英帝国と、薩摩は一藩で戦ってしまうのです。長州もまた一藩の力で欧米列強の四つの国と戦火を交えようというのですから、血気にはやって無茶なことをしたものですが、その元気のよさには感心するばかりです。

そして戦ってダメだとなると、潔《いさぎよ》く方向を転換して、今度は開化路線に転じます。とにかく試してみる。それでいけないとなると思い切りよく方針を一八〇度変えてしまう。その変わり身の速さが見事であり、実に颯爽《さっそう》としています。

ウジウジしていない、あきらめがいい。失敗を恐れずチャレンジする、メゲないでもう次の手を打って出る、そのしたたかさにも頭が下がります。

使節団がアメリカで条約改正交渉を始めてしまうところも、元気の発露だと思います。そして委任状が必要となれば、ワシントンから東京までとんぼ返りをするだけの元気があるのです。すこしくらい失敗しても腰くだけにならず、また挑戦します。

長い旅のあと、帰国してみればもうすっかり座《すわ》るべき椅子は奪われていて、「外遊組」は政治の上でほとんど死に体でした。それを岩倉、大久保、伊藤ラインはその強烈な使命感と強靱な精神で引っ繰り返してしまうのです。

「武士道」精神の凜乎《りんこ》たる道義感

その元気のエッセンスとは何か……。それは命を懸けた使命感、一言でいえば「サムライ精神」であり、「武士の魂」というものでありましょう。名でもない利でもない、自ら正しいと思う志のために命を懸けることであり、道義を第一義と考える思想だといえましょう。

当時は、何をやるにも命懸けでした。気にいらなければ容赦なく斬り捨てる乱暴者があちこちにいた時代です。責任の取り方も命懸けでした。間違えば切腹は当たり前です。命が懸かっていることには、自然と迫力が出てきます、勇気が湧いてきます、思い切った大胆なことができるのです。

「サムライ精神」、それは日本人が長い歴史の中で育《はぐく》んできた徳目でありました。新渡戸稲造《にとべいなぞう》博士は、アメリカで自らのバックボーンになっているものは何かと自問して、『武士道』を書きました。

この書物は一八九九年（明治三十二年）に出版されていますから、岩倉使節団の旅からは三〇年近くも後のことです。しかし明治という時代が続いていた間は、なんとかこの精神が生きていたのだと思います。

その『武士道』の序にこう書かれています。

博士がベルギーの大学教授と散歩しているとき、宗教の話題が出て「あなたの国の学校では宗教教育はないとおっしゃるんですか」と詰問されるのです。

博士が「ありません」と答えると、教授は驚いて突然足を止め「宗教なし!? それで、どうやって道徳教育を授《さず》けるんですか」と繰り返し反問したというのです。

博士は教授のとっさの質問に、戸惑いまごつき即答できなかったのです。が、そのことを忘れることができず自問しつづけて、ようやく自分が学んできた道徳は「武士道」であったことに思い当たるのです。

それは学校で教えられたものではなく、家庭や社会でいつのまにか教えられてきたことでした。

そしてこの問いに答えるべく、またアメリカ人妻のメリー・エルキントンに説明すべくこの書を著《あらわ》したのです。

その冒頭にこうあります。

「それ（武士道）は今なおわれわれの間における力と美との生ける対象である。それはなんら手に触れうべき形態をとらないけれども、それにもかかわらず道徳的雰囲気を香らせ、われわれをして今なおその力強き支配のもとにあるを自覚せしめる。それを生みかつ育てた社会状態は消え失せて既《すで》に久しい。しかし昔あって今はあらざる遠き星がなおわれわれの上にその光を投げているように、封建制度の子たる武士道の光は、その母たる制度の死したる後にも生き残って、今なおわれわれの道徳の道を照らしている」

明治維新とともに、あるいは西南戦争の終結とともに、武士道は消え失せたかもしれません。しかしその残光は人々の心になお生きつづけたのです。

その「武士道」の精神とは何か。

仁であり、義であり、勇であり、礼であり、信であります。

仁とは慈愛であり、

義とは正しきことであり、

勇とは義をなすことであり、

礼とは思いやりであり、

信とは誠です。

サムライは金銭をむしろ卑《いや》しみました。士農工商として商を最下位に置き、金銭にまつわることはサムライと最も遠いところに置いたのです。新渡戸博士はモンテスキューを引用して、武士道的な社会的取決めの知恵についてこう述べています。

すなわち「貴族を商業より遠ざくることは権力者の手へ富の集積を予防するものとして、賞賛すべき社会政策である」と。

権力と富との分離は、富の分配を公平ならしむる。そしてローマ帝国衰亡の一原因は、貴族の商業に従事するを許し、その結果として少数元老の家族による富と権力の独占が生じたことにある、というディル教授の説を紹介しています。

サムライはあくまでも精神的貴族であり、貧しさをむしろ誇りとする君子でした。生き甲斐は義を為《な》すにあり、そのために死することこそ本望と考えられたのです。そこには中国の士大夫、西洋の騎士道やピューリタニズムに通じるノーブレス・オブリジェ（高い身分に伴う義務）のエートス（純化された精神）があったのです。

使節の一行がなぜ、仰ぎ見るような西洋文明の隆盛ぶりを目《ま》の当たりにしながら、なお劣等感に打ちひしがれることがなかったのか。その秘密の一つは、物質や金銭にもともと彼らがそれほどの価値を置かなかったからではないでしょうか。

「英米蘭などは町人国家なり」というとき、道義国家としての日本の矜持《きょうじ》が窺《うかが》われ、道義において欧米より進んでいる自国に大いなる自信を持っていたことが感じられます。いかに繁栄を誇ろうと、町人的発想の国に卑屈になる必要など認めなかったのかもしれません。

精神的文明において、確かに日本はその時点ではっきり優位にあったと言えます。欧米人が日本社会と日本人を高く評価したのは、疑いもなくその点に大きな理由があったからだと思います。

各国比較研修

使節団の旅は米欧一二カ国、一二〇を超える街や村を回覧しました。そして、政治・経済、軍事・外交、産業・貿易、宗教・教育、生活・風俗にいたるまで、まさにエンサイクロペディア（百科辞典）的に文明を見てきました。

しかも帰路には、中東アジア諸国の港に寄って、欧州諸国のやり口を裏側からも視察しました。

アメリカ大陸の未開の大地から始まって、ニューヨーク、ロンドン、パリと発展段階をたっぷりと時間をかけて登り詰め、そしてまたブラッセル、アムステルダム、ベルリン、サンクト・ペテルブルグと階段をゆっくり降りるようにして見学してきました。そして亡国ポーランドの荒涼たる大地を見、ゴールの上海の人々の生活を見たとき、比較文明の大研修パノラマ旅行は終わったのです。

『実記』の例言にこうあります。

「すべて全一年九ヵ月二十一日の星霜《せいそう》にて、米欧両州著名の都邑《とゆう》は大半回歴を経たり」

この短い、しかし自信に満ちた一文は、久米が使節一行とともにこの歴史的な大旅行をやり終え、しかも数年にわたって全五巻の大著をものす過程で再三にわたり旅を反芻《はんすう》した結果の万感溢《あふ》れんばかりの感想でありましょう。

「大使の各国に歴聘《れきへい》する、締交《ていこう》の責任を官に負い、採風の義務を民に尽くさんと、日日鞅《おう》掌《しよう》（忙しく）、寧処《ねいしよ》するに暇《いとま》あらず（落ちつく暇がなく）、寒暑を冒《おか》し、遠邇《えんじ》を究め、僻郷遐域《かいき》を跋渉《ばつしよう》し、野には農牧を訪い、都には工芸を覧し、市に貿易の情を察し、暇あれば名人達士に交わる、もとより操觚《そうこ》の士、雲水の客か、意の適するに任せ漫遊し、耳目を快くするに異なり……」

誰がこれを単なる大名旅行とか、また漫遊旅行と言い得るでしょうか。

西洋では、使節団は国民の代表であり、いたるところで大歓迎に会いましたが、各地からの招待状は束をなすほどで、一行は常に日本国の看板を背負ってそれに応えたのです。

「故に汽車その都に達し、僅《わずか》に笈《きゆう》をホテルに弛《ゆる》むれば、回覧即ち始まる。昼は輪轡瀛吼《きこう》の際、鉄臭煤気の間を奔《はし》る、烟埃《えんあい》満身にて（体中煤《すす》だらけで）、瞑に及び方《ほう》に帰れば、衣を振るうに遑《いとま》あらず、宴会の期已《すで》に至る」

英国を旅行中、むしろ接伴《せつぱん》の英国人が体調を崩し、「これから使節はまだ十数カ国を旅するというが、果たして元気で帰りつける人が幾人あろうか」と逆に心配されるほどでしたが、結局使節一行は一人として落伍することなく、無事に帰国するのです。

「天の霊《いつくしみ》により、一行みな健康を全うし復命の後、今にしてこの編をみれば、日に奇見異聞を以て、絶域を回歴し、間に曠日《こうじつ》あるは、反《かえり》て崑岡《こんこう》懐手の想いをなす、昔日の勤労は、已《すで》に黄粱《こうりょう》の一夢を隔て、当時の艱苦《かんく》は、脳中に痕《あと》を消したるが如し、この際の感慨は、ただ遠遊を経たるものにして、始めて諒知すべし」

これだけの大きな旅をしてきた者の気持ちは、それに相当する大旅行をしてきた者でない限りわからないのではないか、と久米は一行の心情を代弁して書いているのです。

そのバランス感覚を支えた和漢洋の教養

そしてこの比較文明の実地大研修により、久米をはじめ一行の面々は、地球上のあらゆることがすべては相対的であり、各地域に住む人々が時間的・空間的な制約の中に生きており、歴史的・風土的なある条件の中で生活しているのだということを強く認識したにちがいないのです。

そして彼らの持つ和漢洋の教養による、三点測量ともいうべき観察と分析によって初めて、世界における日本の置かれている場所が見えてきたということではないでしょうか。久米は『実記』の中で、さまざまな角度からこのことを言っています。

たとえば、「共和と自由」について、その利点を認めながらも同時に欠点のあることも指摘しています。

「固《もと》より人為の法に、完全なものあるべからず、人民に伸べば、政府に縮む、自由に切なれば、法度に慢なる、一得一失、理の自然なり」

ところが、アメリカ人は「共和と自由」の原理を信じて、その弊害を知らず「只、その美を愛し、世界を挙げて、己の国是《こくぜ》に就かしめんとす」と、いささか辟易《へきえき》気味に書いているのです。

また、たとえばウィーン万国博覧会の項では、欧州各国がフランス革命の影響で、人民が自主自由を得たので、それが工芸製作の世界に百花繚乱《ひゃっかりょうらん》の様相を呈した原因だとしてこのように述べています。

「欧州の文明は、この改革の深浅に源し、その精華は、発して工芸の産物となり、利源は滾滾《こんこん》として湧出《ゆうしゅつ》す」

ここには「黒か白か」という単純な論理ではない、それを超えた哲学があります。現実の世界は言葉で表現すれば当然矛盾するのです。矛盾にこそ真実があるのであって、それは多くの場合、当時のリーダーのバックボーンだった禅的な発想ではごく当たり前なことであり、そうした教養が久米らの背景をなしていると考えられるのです。言い換えれば、トータルにものを見た場合、右も左も、上も下も、東も西も一つのものであり、それを包括した「中庸の思想」こそが久米らの心底に潜在していることが感じられるのです。

大久保らを支えたしたたかなリアリズム

久米は『実記』ロシア編の中でこう書いています。

「世界の真形を瞭知《りょうち》し、的実《てきじつ》に深察すべし」

つまり、世界の真の姿をはっきりと認識し、的確に深く洞察すべし、ということです。それは虚のイメージに踊らされることなく、実際に即してよく観察し、上っ面だけでなく、的確に深く背景にあるものまで見透せ、という意味です。

この言葉は短いですが、いつの時代にも通じる、核心を衝いた素晴らしい表現だと思います。本当の姿、実際の状況を、実地に見聞することの大事さを説いているのです。

大久保利通はその点、本来のリアリストでした。

常に現実を踏まえて沈着《ちんちゃく》重厚《じゅうこう》であり、軽挙妄動《けいきょもうどう》から最も遠い存在でありました。

その大久保は政治についてこう言っています。

「ややもすれば坐論といえるものは、実地を末にして道理を本にする故《ゆえ》、必ず事上に疎《うと》く、其弊全国に及んでは、つまり天下の大患と相成り候事、御座候」、すべて政治は「土地、風俗、人時情勢の関連でのみ考察すべき」で、普遍的に妥当する「至良」の政体など認めないというのが大久保の立場でした。

ですから目標を立てるにも短期と長期の違いがあり、短期から及んでだんだんと長期にいたる手順を大事にしたのです。

「凡《およ》そ国家を経略しその彊土《きょうど》人民を保守するには、深慮遠謀なくんばあるべからず。故に進取退守は、必ずその機を見て動き、その不可を見て止む。恥ありといえども忍び、義ありといえども取らず。これその軽重をはかり、時勢を鑑《かんが》み、大期する所以《ゆえん》なり」

実情を無視して目標に直進するのは空論であり、状況に埋没して目標の展望を欠くのも因循姑息《いんじゅんこそく》です。同様に、いずれも目測能力の不足を示すものにほかならないのです。不可とみた場合は潔《いさぎよ》く方針を転換して、けっして無理押しはしない。そして機会の来るのをじっくり待つのです。

義と見ても時には行なわない、恥と見られてもあえて動かない、時勢を待って事をなすのでなくては仕損ずるというのです。

驚嘆すべき『米欧回覧実記』の描写力

久米に代表される当時の知識人が、なぜ高度の文明、異質な文明に遭遇しながら、それにたじろがず冷静に観察し、公平に分析し、よく咀嚼《そしやく》し、そして表現しえたのでしょうか。

そこには強烈な使命感があったことはむろんですが、その背景には真の教養といったものが彼らに備わっていたからではないでしょうか。

『米欧回覧実記』の文章に接した読者が一様に述べる感想は次のようなものです。「観察が鋭い」、「冷静に分析している」、「偏《かたよ》らず公平である」、「現象の背後にある思想・原理まで洞察している」、「見事な表現力である」、「漢語の豊富な語彙《ごい》とその表現能力にあらためて驚いてしまう」などなど。

文明をまるごと観察したエンサイクロペディア的なこの書物は、驚くべき詳細さで使節団の見たものを見事に表現しているのです。

そして鉄のつくり方からガラスの製造法にいたるまで、現代の専門家が見ても通用するような「技術レポート」も記録しており、スコットランドやスイスの風景についても「景観描写のお手本」のような素晴らしい記述を残しているのです。

最も早い時期に『米欧回覧実記』を「近代紀行文学の白眉《はくび》」と評価した比較文学の芳賀《はが》徹《とおる》教授（東大名誉教授）は、文学としての素晴らしさとその背後にある教養について、次のように述べています。

「鋭敏でのびやかな感性と犀利《さいり》な観察をもとに驚嘆すべき豊富な漢語を駆使して米欧文明の諸相を活写した」とし、「いったん引用すると、どこまでも書き写したくなるのが久米の文章である」と。

そしてそれを可能にした知的な背景として、いわば徳川文化の遺産ともいうべき漢学・国学の充分な素養と新井白石《あらいはくせき》、杉田玄白《すぎたげんぱく》以来の洋学の蓄積が、その基礎になっていることを指摘しているのです。

久米や福沢諭吉は、どんな勉強をしていたのか

当時のサムライたちの教養の素地はより具体的にいえば『四書五経』、『記紀』、『万葉』、『日本外史』などに象徴される漢学や国学であって、中国と日本の古典から学んだ「歴史と倫理」に裏打ちされたものであったと思われます。

洋学の代表選手といわれた福沢諭吉や中村正直《まさなお》なども、漢学の素養をたっぷり持っていました。福沢は「封建の門閥制度は親の仇《かたき》でござる」と言い、儒教嫌いで有名でしたが、少年時代には塾に通ってじっくり漢学を勉強しています。

福沢は『自伝』で当時のことをこう語っています。

「漢書はいかなるものを読んだかと申すと、経書をもっぱらとして、論語、孟子はもちろん、すべて経義の研究を勉め、ことに先生が好きとみえて詩経に書経というものは本当に講義をしてもらってよく読みました。それから蒙求《もうきゅう》、世説《せせつ》、左伝《さでん》、戦国策《せんごくさく》、老子、荘子《そうじ》のようなものもよく講義を聞き、その先は私ひとりの勉強、歴史は、史記をはじめ前後漢書《ぜんごかんじょ》、晋書《しんじょ》、五代史《ごだいし》、元明史略《げんみんしりやく》というようなものを読み」とあります。さらにその勉強ぶりが想像できるのは次の部分です。

「ことに私は左伝が得意で、大概の書生は左伝十五巻のうち三、四巻で仕舞うのを、私は全部通読、およそ十一度《た》び読み返して、面白いところは暗記していました」

久米邦武自身はどうかといえば、佐賀藩の上級武士であり要職を歴任した能吏の父の下で育ち、七歳ですでに『和漢三才図会《わかんさんさいずえ》』という百科図鑑に熱中したといい、十二歳のころには父から買い与えられた『史記評林』、『四書大全』、『歴史綱鑑』、『明鑑易知識』、『詩林良材』、『前太平記』、『北条時頼記』などを読破したといわれます。

その後十六歳で藩校弘道館《こうどうかん》に入り、さらには江戸の昌平黌《しょうへいこう》に留学します。しかし父の邦郷は実務家でありましたから「算を知らずに生活を遂げんと思うにや」と言い、数学や実務の勉強の必要も強く説いたといいます。久米はそのころのことを回想してこう語っています。

「余が父は儒学を騃薬《がいやく》（おろかな学）と看做《みな》して、余が読書熱をさまし、実務に心をよせしめんとするにあり。然れども余は才知を発達さするには、古の聖師賢友に就《つい》てより外にその便りはなしと信じたる反動力の衝突により、斜めに史学研究の方針をとりて走りたるなり」

福沢や久米のこうした勉学歴からして、当時の教養がどのような背景で培《つちか》われてきたかを推測できるかと思われます。

そのエッセンスを要約すれば「歴史と倫理」ではなかったのか、という感じがします。歴史から社会のルールや知恵を学び、倫理から人間としてのルールと知恵を学んだのでしょう。

素読の繰り返しによるその学習方法は勢い熟読玩味して血肉にいたることになり、大事なところは暗記してしまうまで習うところに、身に着いた真の教養というべきものになっていくプロセスが読みとれるのです。

岩倉も木戸も大久保も伊藤も、あるいは留守政府を預かった三条、西郷、板垣、大隈、井上、江藤、副島らにも、程度の差こそあれそうした教養が身に着いていたのではないか、それが西洋文明に遭遇しても、正面からこれを見据えてよく対象を把握しえた背景であったのではないかと思われるのです。

いま問い直される「リーダーの条件」とは

司馬遼太郎さんは『明治という国家』の中で、当時の政治家は「透きとおった、格調の高い精神で支えられたリアリズム」を持っていたと語っていますが、少なくとも日清、日露戦争までは現実を踏まえたリアリズムが生きていて、そのうえで政策が決定されていたと考えられます。

ところが明治も末期から大正に入ってくると、ものを見る目がくもって来てしまい、現実から足が離れてしまって、虚像の上に判断が行なわれるようになってしまうのです。原因の第一は幻影です。耳学問、机上の論、理想論は幻影を生みます。現場知らずの、観念だけでこねあげられたものは、事実から遠く離れてしまうのです。主義、イデオロギーによって構築された政策は、生きた世界を映さず、虚影でしかないのです。

第二は奢《おご》りです。慢心、傲慢《ごうまん》です。目標達成と成功がきっかけでふわふわと舞い上がってしまい、大地から足が離れてしまって、現実が見えなくなってしまうのです。夏目漱石《そうせき》は明治四十四年、和歌山で有名な講演を行ないました。そこでこんなことを言っています。

「現代日本の開化は皮相上滑り《ひそううわすべ》の開化である……しかし、それが悪いからお止しなさいというのではない。事実やむをえない、涙を呑んで上滑りに滑っていかなければならない。体力脳力ともにわれらよりも旺盛な西洋人が百年の歳月を費やしたものを僅かにその半《なかば》に足らぬ歳月で通過しようと言うのだから、上っ滑りに滑るしかない」

それも事実やむをえなかったでありましょう。しかし、日露戦争に勝ってから国民がすっかりふわふわしてしまっているのはどうしたことか。

「戦争以後一等国になったんだという高慢な声は随所に聞くようである。なかなか気楽な見方をすれば出来るもんだと思います」と嘆いています。

日本はそのころからだんだんおかしくなります。明治創業の心を体している初代の元老たちが健在の間は「明治という国家」を何とかうまく操縦していたのですが、代替わりをして二代目、三代目の時代になると、次第に現実を忘れ、知らず識《し》らずのうちに慢心し傲岸になり、目が見えなくなって、国の運転の仕方を間違えてしまうのです。

戦後五〇年の日本がまたそうでありました。経済大国になって一等国の仲間入りを果たして、ジャパン・アズ・ナンバーワンなどとおだてられていい気になって、奢《おご》れる日本人になりバブルに踊って精神も経済もすっかりおかしくしてしまいました。

漱石のころは戦勝気分で舞い上がりましたが、今度は富国気分ですっかりいい気になってしまいました。その結果、人格はいよいよ堕落し衰弱し、それからもう一〇年悪化の一途を辿って今日のような深刻な事態にまで陥ってしまったのです。

歴史は繰り返します。技術は進歩しても、人間そのものは進歩しないからです。かくなる上は、日本人ひとりひとりが謙虚に反省して、しっかりとした精神を持ち教養を積んでいくしかありません。

リーダーたる者は、その根幹において公《おおやけ》のために働くという精神をもっていなくてはなりません。それはサムライの精神といってもいいものです。そしてそのうえで、上に立つ者は、国家であれ地方公共団体であれ、会社であれその他の団体であれ、そして大学から小学校までの教師も含めて、いくつかの条件を備えなくてはならないと思うのです。それは、これら明治人の中に、如実に現われています。

一つは、使命感。明快なる問題意識、目的、青写真、ビジョンが必要です。

二つには、トータルにものを見るバランス感覚です。今日はとくに組織の分化、専門化の進行によって「木を見て森を見ない」傾向が強いのです。部分にこだわって全体が見えなくなってはならないのです。

三つには、したたかな現状認識、リアリズムです。

そしてそれらの背景には、単なる知識や情報ではなく「歴史」と「倫理」に裏打ちされた真の教養というべきものがなくてはいけないと思うのです。

日本にはサムライ的精神――それはすなわち「君子たるものの精神」、「リーダーたるものの精神」ですが――が、まだ地下水のように流れているはずです。迂遠《うえん》な道のようでも、その伏流水《ふくりゅうすい》を汲み上げて、日本人の再生を図《はか》らなくてはなりません。明治創業時のあの颯爽《さっそう》とした精神から学び直さなくてはならないと思うのです。

政治が腐敗し、経営が堕落すれば、滅亡するのが歴史の自然であります。それは国家も会社も、家庭も同じであり、その興亡にはひとつの原則があります。「唐様《からよう》で　売り家と書く　三代目」は、そのシンボル的な川柳であり、それは三代サイクル論に通じています。

初代がなにもないところから粒粒辛苦《りゅうりゅうしんく》して財をつくり基礎をつくる、二代目はその蓄積や土台の上に立派な建築をつくる、そして三代目はその富家の中で暖衣飽食《だんいほうしょく》して遊芸文化に耽溺《たんでき》し、経済をないがしろにして没落していく。

二代目は初代の苦労を見ており、創業者の教育を直に受けていますから、初代の厳しさや創業の精神がなんとか受け継がれます。ですから二代まではだいたい維持されるのです。

ところが三代目になると初代の精神がすっかり忘れ去られ、諸事軌道に乗り、みな当たり前のように見えてきて、その恵まれた環境の中で遊芸にうつつを抜かし、それを支えている経済をおろそかにしてしまうのです。

「明治という国家」も、初代の二〇年は創業の時でした。憲法が制定され国会が開設されるころから二代目にはいります。日清、日露の戦争に勝って、欧米列強とようやく対等と認められ、宿願の条約改正も達成されたのが明治四十年代でありましょう。そのあたりから気が緩み、慢心、奢り、名声欲、野心、遊惰、浪費、退廃などが特徴の三代目に入ってきます。

没落のきっかけは二つあるように思います。これはなにも三代目に限りませんが、遊びに溺《おぼ》れるか、野心にかられるかです。遊惰は身を滅ぼす基です。野心にかられて投機に走るのは組織を危うくする基です。日本は帝国主義の野心にかられて戦争という巨大投機に身代を投じてしまったことになります。

戦後初代も焼土の中でゼロから始めました。国の安全はアメリカにお願いして経済一辺倒でやってきました。さまざまの好運もあり、努力もあり、二〇年近く経って日本はすっかり立ち直りました。オリンピックや万国博覧会をやるまでになり、戦前の生活を凌駕するまでになりました。そして二〇年、ついに日本は自動車と鉄鋼の生産で世界一になり、経済大国という大建築を築きあげることになりました。

しかしそのころから、初代の経営者が姿を消していき、代替わりして二代目から三代目へと世代が交替していきます。そして一九八五年あたりをひとつの頂点として、日本は三代目的特徴をだんだんあらわにしてきたと思います。平成元禄・浪費・遊興大国と一億総投機時代の現出です。

ただ、三代目が必ずしも没落するわけではありません。四代、五代、十代も続いていく旧家もあれば、会社もあり国家もあるのです。それは結局二代目、三代目がいかに創業の精神を保ちうるかどうかにかかっています。奢り、慢心、遊惰、投機からいかに我《われ》を節制し、謙虚に、勤勉に、着実にやっていくかにかかっています。

一代を二〇年とみるか二五年とみるかはケース・バイ・ケースでありましょう。しかし、徳川は十五代で約二七〇年続きましたから、平均すると一代は一八年となります。徳川も何回か没落の危機に瀕するのですが、そこで必ず中興の祖といわれるような人物が出て立て直すのです。現代用語でいえば、リストラであり構造改革であり行政改革です。ぜい肉を取りコレステロールを除き、遊惰の気を排出して、その心身を一洗する、その繰り返しが組織体を長命に保つのです。かつてのローマ帝国も、唐の大帝国もそうでした。

明治維新の大改革は、久米の表現を借りれば「世界気運の変」によるものでした。それでこそ徳川二七〇年の大建築が崩壊するのですが、現代日本もそれに匹敵する「世界気運の変」に遭遇していると考えねばなりません。かつての大変化のきっかけが蒸気機関や電信であったとすれば、現代の大変化のトリガーはジェット機やコンピューター、半導体です。ジュール・ヴェルヌは一八七二年当時「一〇〇年前よりも、十倍も速く世界を一周できる」と言いましたが、今日われわれは「一〇〇年前よりも、百倍も速く世界を一周することができる」時代に生きているのです。

とすれば今われわれには、かつての「廃藩置県」と「米欧回覧」に類するような思い切った行動が、しかもそれをグローバルなスケールで行なう決断が必要とされているのではないか、と思わざるを得ないのです。

その意味でも、明治初代のあの「はつらつたる元気」と「目の覚めるような断行力」に学び直さなくてはいけないのではないでしょうか。

おことわり

本書ができるまでには、多くの先学、研究者、書籍、資料の恩恵をこうむってきました。主な書籍や資料は次ページ以降に挙げましたが、紙上をお借りして心から御礼を申し上げます。

なお、本書は、一九九六年一一月に初版の出た同名の著書を文庫化したものです。若干の字句の訂正、加筆はいたしましたが、ほぼ原本どおりであることを申し添えます。

〈参考文献〉

＊基礎文献

久米邦武「米欧回覧実記」全五巻　田中彰校訂（岩波書店　一九八〇年）
久米邦武「九十年回顧録」上下巻（宗高書房　一九八五年）
岩倉公実記
勝田孫弥「大久保利通伝」上下
木戸孝允日記
伊藤博文伝　上下
佐々木高行日記

＊主要文献

大久保利謙「岩倉使節の研究」（宗高書房　一九七六年）
泉　三郎「明治四年のアンバッサドル～岩倉使節文明開化の旅」（日本経済新聞社　一九八四年）
市岡揚一郎「新・米欧回覧実記～アメリカ百年の旅」（サイマル出版会　一九八五年）

久米美術館「久米邦武と米欧回覧実記」（久米美術館　一九八五年）
泉　三郎「新・米欧回覧の記　一世紀をへだてた旅」（ダイヤモンド社　一九八七年）
芳賀　徹「岩倉使節団の西洋見聞～米欧回覧実記を読む」（NHK市民大学　一九九〇年）
久米美術館「歴史家・久米邦武展」（久米美術館　一九九一年）
宮永　孝「アメリカの岩倉使節団」（筑摩書房　一九九二年）
田中彰・高田誠二編「米欧回覧実記の学際的研究」（北海道大学　一九九三年）
泉　三郎「米欧回覧・百二十年の旅～岩倉使節の足跡を追って」〈米英編・欧亜編　全二冊〉（図書出版社　一九九三年）
田中　彰「岩倉使節団・米欧回覧実記」（岩波書店　一九九四年）
霞会館「内なる開国・岩倉使節団」（霞会館　一九九三年）
西川長夫・松宮秀治編「米欧回覧実記を読む」（法律文化社　一九九五年）
高田誠二「維新の科学精神～米欧回覧実記の見た産業技術」（朝日新聞社　一九九五年）

＊関連文献、ならびに資料

三宅雪嶺「同時代史」
池辺三山「三大政治家　大久保・岩倉・伊藤論」

大隈重信「大隈伯昔日譚」
福沢諭吉「文明論之概略」「福翁自伝」
新渡戸稲造「武士道」
夏目漱石「漱石文明論集」
平川祐弘「和魂洋才の系譜」（河出書房新社　一九七六年）
芳賀徹「明治維新と日本人」（講談社　一九八〇年）
高坂正堯「文明の衰亡するとき」（新潮社　一九八一年）
マリウス・ジャンセン「日本・二百年の変貌」（岩波書店　一九八二年）
平川祐弘「西洋の衝撃と日本」（講談社　一九八五年）
司馬遼太郎「明治という国家」（日本放送協会　一九八八年）
森本哲郎「サムライ・マインド」（ＰＨＰ研究所　一九九一年）
坂本一登「伊藤博文と明治国家形成」（吉川弘文館　一九九一年）
佐藤誠三郎「死の跳躍を越えて　西洋の衝撃と日本」（都市出版　一九九二年）
「外国新聞にみる日本」①（毎日コミュニケーションズ）
松村　剛「新聞に見る岩倉使節団のパリ滞在」（『比較文学研究』　一九八九年）
岩倉翔子「イタリア人の見た岩倉使節団」（『就実論叢』　一九九三年）

※は女性

大村純熙	大村	大村藩知事
松浦熙行	大村	
湯川頼次郎	大村	
毛利元敏	豊浦	豊浦藩知事
清水谷公考	公家	
坊城俊章	公家	貴族院議員
万里小路秀麿	公家	
武者小路実世	公家	
平田範静	米沢	農商務・内務各大臣
松崎信麿	公家	建築家
錦小路頼言	公家	
河内宗一		
日下義雄		
中江篤助	高知	「東洋自由新聞」主筆・民権論展開「民約訳解」
※吉益阿亮	東京	眼病にかかり半途帰国
※永井繁	静岡	バッサーカレッジ音楽専門卒業
※津田梅	東京	アーチャー・インスティチュート卒業　女子英語塾（後の津田塾大学）設立
※山川捨松	会津	バッサーカレッジ卒業
※上田悌	東京	半途帰国
三浦恭之進	山口	
中島精一	金沢	
土肥百次	東京	
来見甲蔵	東京	
浅間徹之助	山口	

出典
田中彰・高田誠二編著「『米欧回覧実記』の学際的研究」北海道大学図書刊行会
社団法人　霞会館「岩倉使節団　内なる開国」

◘岩倉使節団・全参加者名簿（その2）使節随従者・留学生

岩倉具綱	公家	岩倉具視嫡子　宮中顧問官
高辻修長	公家	東宮侍従長
香川廣安	水戸	退隠中の岩倉に仕える　枢密顧問官
山本俊一郎	京都	勤皇儒医　岩倉秘書
松方蘚助	鹿児島	留学中死去
日置兵一	宇和島	
福井順三		
佐々兵三		
大久保彦之進	鹿児島	大久保利通長男　貴族院議員
牧野伸熊	鹿児島	大久保利通次男　文部・農商務・外務・宮内各大臣
岩下長十郎	鹿児島	陸軍大尉
坂井秀之丞	鹿児島	
山縣亥三郎	山口	
高島米八	福井	
山口俊太郎	佐賀	山口尚芳長男　巴石油株式会社専務取締役
相良猪吉		
川村　勇	静岡	
鍋島直大	佐賀	宮中顧問官、貴族院議員
田中覚太夫	佐賀	石川島造船所監査役
松村文郎	佐賀	春日艦長
百武安太郎	佐賀	油絵を学ぶ　代表作「マンドリンをもつ少女」
前田利嗣	金沢	
堀　嘉久馬	金沢	
関澤明清	金沢	水産伝習所所長　駒場農学校長（東大農学部前身）
澤田直温	金沢	
前田利同	富山	宮中顧問官
陸原惟厚	富山	
吉川重吉	岩国	貴族院議員
土屋静軒	岩国	ハーバード医科大学卒　山口病院開業
田中貞吉	岩国	アナポリス海軍兵学校卒　東京郵便電信学校長
黒田長知	福岡	福岡藩知事
金子堅太郎	福岡	農商務・司法各大臣・枢密顧問官
団　琢磨	福岡	三井合名会社理事長
江川英武	静岡	大蔵省・内務省官吏
森田忠毅	静岡	熱海にて牧場経営
鳥居忠文	壬生	貴族院議員　枢密顧問官

（右ページ上段へ）

随　行	文部中教授	長与　秉継	肥前	34
	文部省七等出仕	中島　永元	肥前	28
	同中助教授	近藤　昌綱(鎮三)	幕臣	
	同中助教授	今村　和郎	土佐	26
	文部省九等出仕	内村　公平	山形	
理事官	造船頭	肥田　為良	幕臣	42
随　行	鉱山助	大島　高任	岩手	46
	鉄道中属	瓜生　震	福井	19
理事官	司法大輔	佐々木高行	土佐	42
随　行	権中判事	岡内　重俊	土佐	30
	同	中野　健明	肥前	23
	同	平賀　義質	福岡	46
	権少判事	長野　文炳	大阪	18

後発岩倉使節団員

畠山義成	薩摩	藩留学生として渡英後渡米　開成学校長兼外国語学校長　東京書籍館・博物館長兼任
塩田三郎	幕臣	外務大書記官・外務少輔を歴任、中国特命全権大使
吉原重俊	鹿児島	初代日本銀行総裁
由利公正	福井	東京府知事
岩見鑑造		
長岡義之	山口	会計検査院検査官
河野敏鎌	土佐	内務・司法・農商務各大臣
鶴田　浩	佐賀	大審院検事長、参事院議官
岸良兼養	鹿児島	大審院検事長兼司法省検事局長
井上　毅	熊本	大日本帝国憲法本文及び皇室典範・教育勅語起草
益田克徳	東京	王子製紙、明治生命保険、明治火災保険他取締役等
沼間守一	東京	東京府会議長　横浜毎日新聞社長
名村泰蔵	長崎	貴族院議員　東京建物株式会社専務取締役
川路利良	鹿児島	大警視　陸軍少将
新島七五三太	安中	同志社創立
高崎豊麿	薩摩	初代御歌所長　宮中顧問官
安川繁成	東京	衆議院議員
西岡逾明		
小室信夫	京都	日本郵船会社の基礎築く　貴族院議員
鈴木貫一	彦根	

◘岩倉使節団・全参加者名簿（その１）

出発時の岩倉使節団（明治４年11月12日）

使節団職名	官　名	氏　名	出身（年齢）
特命全権大使	右大臣	岩倉　具視	公家　47
同副使	参　議	木戸　孝允	長州　39
	大蔵卿	大久保利通	薩摩　42
	工部大輔	伊藤　博文	長州　31
	外務少輔	山口　尚芳	肥前　33
一等書記官	外務少丞	田辺　泰一（太一）	幕臣　41
		何　　礼之	幕臣　32
		福地源一郎	幕臣　31
二等書記官	外務少記	渡辺　洪基	福井　24
	外務七等出仕	小松　済治	和歌山　25
	同	林　董三郎（董）	幕臣　22
		長野桂次郎	幕臣　29
三等書記官		川路　簡堂（寛堂）	幕臣　28
四等書記官	外務大録	安藤　太郎	幕臣　25
		池田　政懋	肥前　24
大使随行	兵庫県権知事	中山　信彬	肥前　30
	式部助	五辻　安仲	公家　27
	外務大記	野村　　靖	長州　30
	神奈川県大参事	内海　忠勝	長州　29
	権少外史	久米　邦武	肥前　33
理事官	戸籍頭	田中　光顕	土佐　29
随　行	租税権頭	安場　保和	熊本　37
	租税権助	若山　儀一	東京　32
		阿部　　潜	幕臣　33
		沖　　探三（守固）	鳥取　32
	租税権大属	富田　命保	幕臣　33
	検査大属	杉山　一成	幕臣　29
		吉雄辰太郎（永昌）	
理事官	侍従長	東久世通禧	公家　39
随　行	宮内大丞	村田　経満（新八）	薩摩　36
理事官	陸軍少将	山田　顕義	長州　28
随　行	兵学大教授	原田　一道	幕臣　42
理事官	文部大丞	田中不二麿	尾張　27

（右ページ上段へ）

『米欧回覧の会』ご案内

「岩倉使節団」に興味を持ち、その記録である『米欧回覧実記』に関心を抱く人たちの集まりで、この素材を媒体にして歴史を振り返り、現代の直面する問題についても自由に語り合おうという会です。

問い合わせ先は、左記のとおりです。

〒192-0063 東京都八王子市元横山町1—14—16 イズミ・オフィス
（TEL）〇四二六—四六—三三一〇
（FAX）〇四二六—四五—八七〇〇
http://www.iwakura-mission.gr.jp
E-mail:info@iwakura-mission.gr.jp

一〇〇字書評

切り取り線

購買動機（新聞、雑誌名を記入するか、あるいは○をつけてください）	
□（　　　　　　　　　　　　）の広告を見て	
□（　　　　　　　　　　　　）の書評を見て	
□ 知人のすすめで	□ タイトルに惹かれて
□ カバーがよかったから	□ 内容が面白そうだから
□ 好きな作家だから	□ 好きな分野の本だから

●最近、最も感銘を受けた作品名をお書きください

●あなたのお好きな作家名をお書きください

●その他、ご要望がありましたらお書きください

住所	〒				
氏名		職業		年齢	
新刊情報等のパソコンメール配信を 希望する・しない	Eメール	※携帯には配信できません			

あなたにお願い

この本の感想を、編集部までお寄せいただけたらありがたく存じます。今後の企画の参考にさせていただきます。Eメールでも結構です。

いただいた「一〇〇字書評」は、新聞・雑誌等に紹介させていただくことがあります。その場合はお礼として特製図書カードを差し上げます。

前ページの原稿用紙に書評をお書きの上、切り取り、左記までお送り下さい。宛先の住所は不要です。

なお、ご記入いただいたお名前、ご住所等は、書評紹介の事前了解、謝礼のお届けのためだけに利用し、そのほかの目的のために利用することはありません。

〒一〇一－八七〇一
祥伝社黄金文庫編集長　吉田浩行
☎〇三（三二六五）二〇八四
ohgon@shodensha.co.jp

祥伝社ホームページの「ブックレビュー」からも、書けるようになりました。

http://www.shodensha.co.jp/bookreview/

祥伝社黄金文庫

堂々《どうどう》たる日本人《にほんじん》

知《し》られざる岩倉使節団《いわくらしせつだん》

平成16年6月20日　初版第1刷発行
平成27年8月25日　　　第7刷発行

著　者　泉《いずみ》　三郎《さぶろう》

発行者　竹内和芳

発行所　祥伝社《しょうでんしゃ》

〒101－8701
東京都千代田区神田神保町3－3
電話　03（3265）2084（編集部）
電話　03（3265）2081（販売部）
電話　03（3265）3622（業務部）
http://www.shodensha.co.jp/

印刷所　堀内印刷

製本所　ナショナル製本

Printed in Japan　© 2004, Saburo Izumi　ISBN978-4-396-31350-0 C0121